Dictionnaire
des 1000 trucs

Dictionnaire des 1000 trucs

Illustrations Christiane Schaeffer

Albin Michel

22, rue Huyghens, 75014 Paris

ISBN : 2-226-09981-6

Avant-propos

Depuis que nous nous parlons par radio ou télévision interposée, nous avons échangé des milliers d'idées.
Il y a quelques années, nous nous étions amusés à regrouper les meilleurs trucs simples et pas chers que vous nous aviez suggérés pour faciliter notre vie au quotidien. Bien sûr, ce livre a immédiatement suscité un courrier des lecteurs et ces derniers nous ont appris d'autres excellentes astuces.
Voici donc remis à jour et enrichi de vos dernières trouvailles ce nouveau « Dictionnaire des 1000 Trucs » indispensable pour surmonter les petites embûches de la vie familiale.

Pierre Bellemare

A

Abat-jour

- Si, à la lumière tamisée de votre lampe, vous préférez un éclairage un peu plus fort, tapissez l'intérieur de son abat-jour avec du papier d'aluminium ménager, qui supporte parfaitement la chaleur : la luminosité sera accrue.
- Pour nettoyer votre abat-jour, dépoussiérez-le tout d'abord avec votre sèche-cheveux (souffle maximum) et frottez-le délicatement avec une gomme d'écolier ou une boulette de mie de pain.
- Les taches grasses seront vaincues par de la terre de Sommières.

Abricots

- Pensez à conserver les noyaux de vos abricots si vous faites des confitures ; les amandes que vous en extrairez après les avoir cassés donneront un goût inimitable à vos confitures.

Accroc

Un accroc de vêtement ne nécessite pas toujours de reprise. Il suffit de l'enrayer, avant qu'il ne prenne trop d'importance.

- Placez les deux bords déchirés bien côte à côte et badigeonnez-les de blanc d'œuf sur l'envers du tissu.

Posez par-dessus un morceau d'étoffe de la même couleur. Repassez ensuite à la pattemouille avec un fer très chaud : l'albumine de l'œuf va cuire sans laisser de trace. Ce raccord invisible supportera autant de lavages que nécessaire.

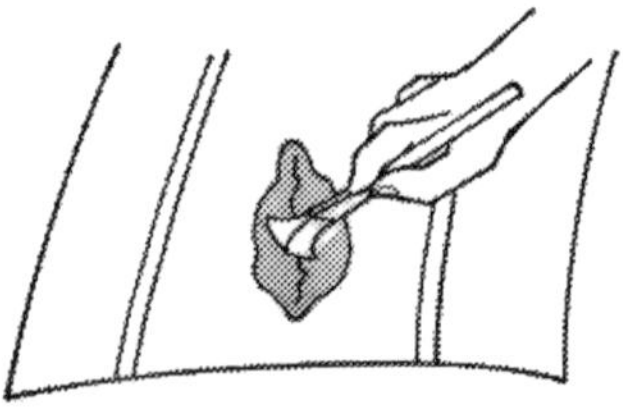

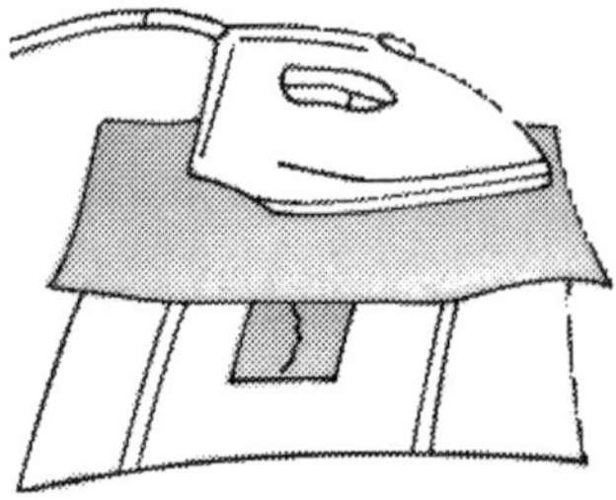

Aiguille

• Pour ceux qui ont quelques difficultés à passer un fil dans le chas d'une aiguille, trempez l'extrémité du fil dans un peu de vernis incolore.
• Pour enfiler un fil dans le chas d'une aiguille de machine à coudre, placez derrière l'aiguille un petit morceau de carton ou de papier blanc : le trou apparaît alors clairement, ce qui facilite l'enfilage.
• Si votre aiguille glisse mal et accroche le tissu, passez-la au papier de verre puis au savon sec.

Aiguisage

• Si vous n'avez pas de toile émeri pour aiguiser couteaux et ciseaux, frottez-les contre le goulot d'une bouteille en verre ou plongez-les toute une nuit dans un mélange composé de 1/3 de pétrole et 2/3 d'huile. Les effets seront les mêmes.

Ail

• Si on lui reproche souvent son odeur persistante, l'ail a toutefois des effets régulateurs sur la circulation sanguine et fortifie le cœur. Selon les spécialistes, une gousse d'ail cru par jour suffirait à prolonger la vie de plusieurs années.

- L'ail se digère plus facilement lorsque vous le consommez haché ou broyé à l'aide d'un mortier. Il convient surtout d'éliminer le germe vert qui se trouve en son milieu, très indigeste.
- Il faut savoir, par ailleurs, que l'ail frit dénature le goût des aliments et que le vin blanc absorbé au cours du même repas renforce son arôme.
- Pour atténuer l'effet de l'ail sur l'haleine, vous pouvez croquer un grain de café, sucer un clou de girofle, ou manger une tige de persil.

Albâtre

- Son entretien réclame de la vigilance car l'albâtre est fragile. Après avoir dépoussiéré votre objet à l'aide d'un simple chiffon, passez délicatement un coton imbibé d'essence de térébenthine en décrivant des petits cercles. Laissez sécher et saupoudrez la surface de talc que vous étalerez avec une peau de chamois.

Alcool

- Si vous devez incorporer de l'alcool à une crème ou à une sauce, ne l'ajoutez qu'en fin de cuisson. Sinon il perdrait tout son arôme.
- Une tache d'alcool sur du bois disparaîtra si vous la frottez avec de l'éther ou avec un bouchon de liège qui jouera le rôle de gomme.

✔ Voir aussi *Sucre*.

Allumettes

- Pour récupérer des allumettes qui ont souffert de l'humidité, plongez leur bout soufré dans du vernis à ongles incolore.
- Vous pouvez aussi les frotter entre les poils d'une brosse à chaussures, ce qui aura pour effet de les sécher aussitôt.

• Le grattoir d'une boîte d'allumettes durera plus longtemps si vous l'utilisez dans le sens de la hauteur et non de la longueur.

Aluminium

• Pour éviter que vos casseroles en aluminium ne noircissent après la cuisson des aliments, faites bouillir à l'intérieur les zestes d'un citron (dans 1/2 litre d'eau) durant 15 minutes.
• Une casserole encrassée retrouvera sa netteté si vous y faites cuire de la rhubarbe ou de l'oseille.
• Pour faire reluire vos plats et casseroles en aluminium, mélangez un filet d'huile à 5 ou 6 gouttes d'alcool à brûler. Imprégnez-en un chiffon et passez-le sur toute la surface. L'effet est immédiat !

Amandes

• Pour enlever facilement la peau des amandes avant de les utiliser dans une pâtisserie, laissez-les tremper quelques minutes dans de l'eau bouillante.

Ambre

• Pour nettoyer vos bijoux et objets, passez une peau de chamois imprégnée d'huile d'olive et laissez tout simplement sécher. La couleur et la transparence de l'ambre seront de nouveau mises en valeur.

Amidon

• Si vous n'avez pas d'amidon sous la main pour empeser les dentelles ou les napperons, laissez-les tremper pendant 1 heure dans l'eau de cuisson des pommes de terre ou du riz. Cette technique sera tout aussi efficace.
• Un peu de sel ajouté à votre amidon redonnera du brillant à votre linge et prolongera sa durée de vie.
✔ Voir aussi *Vitres.*

Ampoule

• Pour éviter la formation d'ampoules sur vos mains, enduisez-les de talc. Faites de même avec le manche de vos instruments (raquette de tennis, marteau, scie...).

Ampoule de médicament

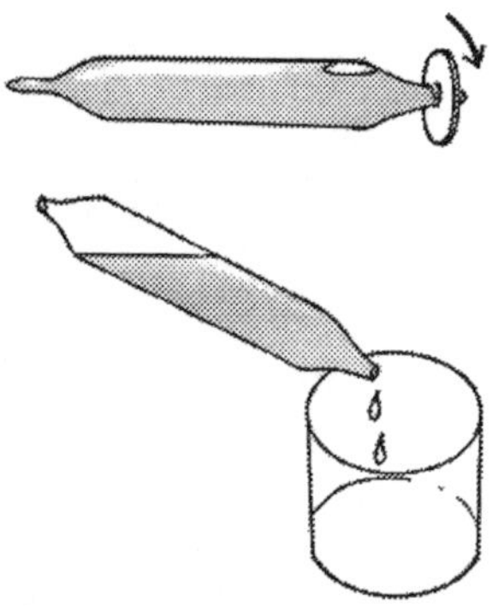

• Elle est dite « autocassable », mais n'est en réalité pas toujours facile à briser. Elle cédera pourtant si vous introduisez l'une de ses extrémités dans un trou de bouton suffisamment large. Appuyez d'un coup sec. Renouvelez l'opération avec l'autre bout de l'ampoule.

Ampoule électrique

• Quelques gouttes de parfum d'intérieur ou d'huile essentielle déposées sur vos ampoules, avant de les allumer, parfumeront délicatement votre maison.

Ananas

• L'ananas frais possède les propriétés de détruire les graisses et de faciliter la digestion. Malheureusement, s'il est apprécié pour ces qualités, il l'est beaucoup moins lorsqu'il sert de garniture à des tartes car il empêche la bonne levée de la pâte. Vous pourrez toutefois éviter cet inconvénient en faisant cuire votre ananas coupé en tranches et saupoudré de sucre, avant de l'incorporer à votre plat.

Anchois

• Pour les dessaler, laissez-les baigner dans du lait cru durant une dizaine d'heures. Ils seront ainsi prêts à agrémenter vos plats.

Angora

• Le principal inconvénient de cette laine est de laisser sur son passage un grand nombre de poils. Pour y remédier, enfermez votre vêtement dans un sac en plastique et déposez-le dans votre réfrigérateur pendant 4 jours. Le résultat est garanti : vos habits ne pelucheront plus.

Antibiotiques

• L'un des principaux inconvénients de cette famille de médicaments est de détruire la flore intestinale. Pour la reconstituer, mangez au moins 4 yaourts nature par jour pendant toute la durée du traitement.

Anti-monte-lait

• Si vous ne possédez pas d'anti-monte-lait, placez une petite cuillère ou une soucoupe retournée au fond de votre casserole. Dans tous les cas, le lait ne se sauvera pas.

Aquarium

• Il est indispensable de verser l'eau dans votre aquarium une semaine avant d'y mettre votre poisson : elle sera ainsi débarrassée de tout son chlore.

• Lorsque vous renouvellerez l'eau de votre aquarium, évitez de la jeter car vous l'utiliserez pour vos plantes intérieures. Enrichie de déchets organiques, elle sera un précieux engrais.

• N'utilisez pas d'eau trop froide, ce qui serait dangereux pour vos poissons.

✔ Voir aussi *Calcaire.*

Arbustes

• Si vous voulez que vos arbustes aient le maximum de chances de s'épanouir, préparez 15 jours à l'avance le trou dans lequel vous les planterez. L'air, la pluie, le vent sont les meilleurs désinfectants.

• Vous soignerez vos arbustes en pulvérisant de l'eau en fine brume sur leur feuillage (sauf les rosiers) : cette douche rafraîchissante limite leur transpiration et prévient les attaques des araignées rouges.

Argent

• Pour nettoyer des bijoux en argent, frottez-les avec une craie blanche, puis essuyez avec un chiffon sec ; le liquide vaisselle additionné d'ammoniaque se révèle également très efficace.
• Vous pouvez aussi les désencrasser avec une brosse à dents imprégnée de jus de citron. Rincez vos bijoux à l'eau chaude et essuyez-les avec une peau de chamois.
• Si vos bagues, bracelets ou boucles d'oreilles en argent laissent des traces noires sur votre peau, appliquez-leur une couche de vernis incolore avant de les porter.

Argenterie

• Vous éviterez de nettoyer trop souvent votre argenterie si vous placez à proximité de vos bijoux ou de vos couverts une boule de camphre.
Si malgré tout il vous faut faire face à la corvée d'entretien, de multiples solutions vous sont offertes. En voici quelques-unes.
• Placez dans un faitout en émail une feuille de papier d'aluminium ménager recouvrant le fond et les côtés. Remplissez d'eau, ajoutez 3 cuillerées de gros sel et faites chauffer le tout jusqu'à ébullition. Éteignez le feu et plongez alors l'argenterie dans ce bain pendant 15 minutes. Rincez-la ensuite sous l'eau froide. Le papier d'aluminium est devenu noir et l'argenterie, comme neuve.
• Vous pouvez aussi mélanger de la cendre froide de cigarettes au jus d'un citron et passer cette pâte sur tous vos objets. Frottez avec un chiffon et rincez abondamment.

• Le résultat est tout aussi satisfaisant avec la méthode suivante : mélangez 1/2 savon noir à 1 litre d'eau chaude, et remuez jusqu'à obtenir une mousse. Laissez tremper l'argenterie pendant une dizaine de minutes avant de la passer sous l'eau froide, puis essuyez-la avec un chiffon sec.
• Enfin, vous pouvez frotter les surfaces encrassées avec un chiffon imprégné de l'eau de cuisson froide des épinards ou de l'eau de cuisson de vos pommes de terre.
• Si votre argenterie est, en revanche, seulement ternie, faites-lui prendre un bain de lait froid caillé pendant 1 heure. Rincez-la à l'eau froide et frottez-la délicatement avec un chiffon doux.
• N'oubliez pas que l'air est l'ennemi n° 1 de votre argenterie ; rangez-la bien serrée, dans des housses de feutrine ou du papier de soie noir.
✔ Voir aussi *Œuf*.

Argenterie piquée

• Vous ferez disparaître les taches noires de la surface de votre argenterie en plongeant vos objets 15 minutes dans du vinaigre chaud. Rincez-les abondamment avant de les essuyer avec un chiffon sec.

Arrosage

• Vos plantes n'apprécient pas l'eau calcaire. Ajoutez donc à l'eau d'arrosage quelques gouttes de citron ou de vinaigre.
• Elles apprécieront l'eau de cuisson de vos légumes, riche en sels minéraux. Il faut impérativement que votre eau de cuisson soit à la température de la pièce avant d'en arroser la terre.
• Vous n'avez trouvé personne pour s'occuper de vos plantes pendant votre absence. Elles ne seront pas démunies si vous faites appel à ces différents systèmes : fabriquez une mèche de 50 centimètres environ avec

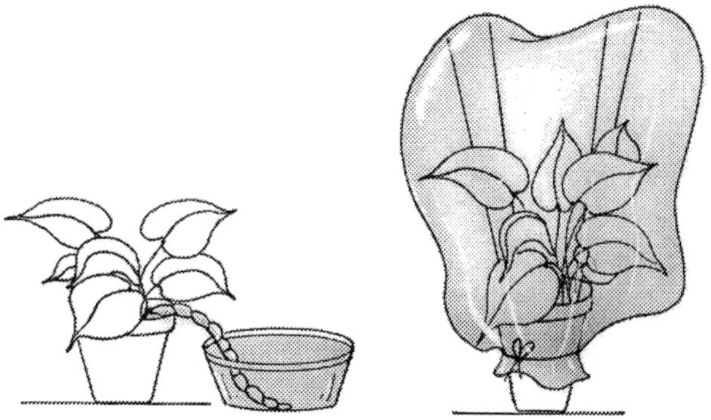

une bande épaisse de coton hydrophile et introduisez-la dans la terre. Reliez son autre extrémité à un récipient d'eau que vous disposerez à la même hauteur que votre pot. Il faut savoir qu'un litre d'eau alimente une plante de moyenne importance pendant un mois.
• Si vous ne partez que quelques jours, arrosez chaque plante. Enfoncez dans la terre quatre tiges de bois. Recouvrez la plante d'un sac en plastique de telle manière qu'il ne touche pas les feuilles. L'eau s'évaporera et retombera systématiquement sur votre protégée.

Arrosage du jardin

Dans certaines régions, la sécheresse limite énormément la consommation de l'eau. Pour que vos arrosages profitent au maximum à vos plantes, voici quelques conseils.
• N'arrosez jamais en plein soleil, car une partie de l'eau s'évaporera au détriment de vos plantes.
• Lorsque le sol est sec, arrosez-le en plusieurs fois. C'est la meilleure solution pour que l'eau ne s'écoule pas trop rapidement par les crevasses et ne profite qu'aux racines.
• Enfin, protégez votre jardin contre le vent, qui est plus desséchant que le soleil, en plantant quelques arbustes aux endroits trop aérés.
✔ Voir aussi *Tuyau d'arrosage*.

Artichaut

- Comme tous les boutons de fleurs, l'artichaut a besoin d'eau. Vous le conserverez donc en laissant tremper sa tige dans un verre d'eau que vous changerez tous les jours.
- Une fois cuit, consommez-le au plus vite, car il a une fâcheuse tendance à développer des toxines dangereuses pour l'organisme.
- Passez les fonds d'artichauts au jus de citron pour éviter qu'ils ne noircissent avant que vous les mangiez.

Aspirateur

- En répandant quelques granules parfumées sur vos moquettes et tapis et en aspirant cette poudre avec votre aspirateur, vous parfumerez élégamment votre intérieur. Ces poudres se trouvent en droguerie ou dans les grands magasins.
- Vous pouvez également placer entre le filtre et la grille de sortie de votre aspirateur un coton imbibé d'essence parfumée.

Aspirine

- Les effets de l'aspirine, notamment lorsque vous la prenez contre un mal de tête, sont augmentés si vous buvez en même temps une bonne tasse de café noir très chaud. En effet, le café dilate les vaisseaux sanguins et permet une meilleure diffusion de l'aspirine dans le sang.

Assiette

- Pour masquer la fêlure d'une assiette, préparez la mixture suivante : mélangez dans une grande casserole 1/2 litre de lait, 1 blanc d'œuf et le jus d'un citron, puis portez à ébullition. Éteignez le feu et laissez refroidir un peu avant d'immerger l'assiette. La fêlure disparaîtra.

• Une assiette de collection retrouvera toute sa netteté si, après l'avoir nettoyée à l'eau chaude savonneuse, vous la frottez avec un coton imbibé d'alcool à brûler. Passez ensuite un chiffon doux pour la faire briller.
✔ Voir aussi *Porcelaine.*

Aubergines

• Les aubergines ont tendance à rendre un jus noir pendant la cuisson. Pour l'éviter, laissez-les tremper pendant 4 heures dans de l'eau salée avant de les cuire.
• N'oubliez pas non plus, une fois qu'elles sont coupées en tranches, de les badigeonner de blanc d'œuf. Cela les empêchera d'absorber trop de graisse car elles ont tendance à être de véritables éponges.

Auréole

• Lorsque vous nettoyez une tache, il y succède souvent une auréole. Pour la faire disparaître, placez le tissu au-dessus d'un récipient d'eau bouillante. Laissez sécher à plat et repassez à la pattemouille.

Autocuiseur

• Si votre autocuiseur noircit lorsque vous faites des légumes à l'étouffée, ajoutez une dizaine de gouttes de citron à l'eau de cuisson.
• Vous évacuerez la vapeur d'un autocuiseur en quelques secondes, en faisant couler un filet d'eau froide sur le couvercle fermé.

Avocats

• Pour conserver des avocats pendant une semaine, placez-les dans un bocal et enfouissez-les sous la farine.
• Ils ont tendance à noircir au contact de l'air, ce qui donne à votre salade composée un aspect peu esthétique. Pensez à verser quelques gouttes de citron sur

leur chair. Faites-le plusieurs fois jusqu'au moment de les servir. Ils garderont ainsi leur fraîcheur et ne risqueront plus de se teinter.

Azalée

Plante offerte à toutes les occasions, il est assez rare qu'on la conserve longtemps. Vous prolongerez toutefois son existence de quelques jours si vous prenez certaines précautions.

- Ne l'arrosez jamais avec de l'eau calcaire mais avec de l'eau de pluie ou de l'eau portée à ébullition que vous aurez fait refroidir.
- Lorsque les fleurs sont fanées, coupez-les aussitôt, car elles affaiblissent la plante et retardent l'apparition de nouvelles pousses.

B

Bac à glace

● Il n'est pas toujours facile de décoller son bac à glace du congélateur. Vous n'aurez plus de problème si vous frottez au préalable sa surface extérieure avec de la bougie.

Bac à réserve d'eau

Vous devez mettre en terre vos boutures. Malheureusement, vos bacs à réserve d'eau sont déjà tous occupés. Qu'à cela ne tienne ! Pourquoi ne pas en fabriquer un vous-même ?

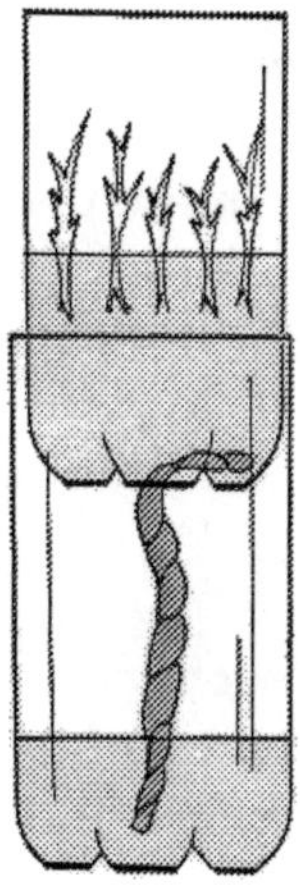

● Coupez deux bouteilles en plastique en leur milieu.
Percez le fond de l'une d'elles avec un clou rougi au feu puis introduisez une mèche de coton hydrophile de l'épaisseur d'un lacet et longue d'une dizaine de centimètres.
Remplissez la bouteille de terre et plantez vos boutures.
Puis enfoncez-la dans la seconde bouteille au fond de laquelle vous aurez mis un peu d'eau. Le coton diffusera l'humidité nécessaire. N'oubliez pas, toutefois, de vérifier le niveau de l'eau.

Bagages

Pour ne pas avoir à repasser vos vêtements quand vous les sortez de vos bagages, voilà comment chacun d'eux doit être plié.

- Enfilez votre jupe plissée dans une jambe de vieux collant de façon à obtenir une sorte de boudin. Elle restera impeccable.
- Pliez votre robe en deux à la hauteur de la taille, et glissez une feuille de papier de soie entre la partie chemisier et la partie jupe.
- Roulez les pantalons avant de les mettre dans votre valise. Ils ne se froisseront pas et ne perdront pas leur pli.
- Faites de même avec tous vos vêtements en soie : vous éviterez ainsi les faux plis, qui risquent de casser définitivement les fibres fragiles de cette matière.

Bague

- Ne vous énervez plus à essayer de retirer une bague trop petite de votre doigt. Trempez plutôt ce dernier dans de l'eau froide avant de le savonner.
- Faites ensuite tourner la bague sur elle-même et faites-la glisser le long de votre doigt. Elle s'enlèvera sans résistance.

Bain

- Le bain doit être un moment de détente et de plaisir. Pour en profiter pleinement, versez dans l'eau 10 gouttes d'huile de table. Vous aurez la peau douce comme du satin.
- Vous pouvez également mettre 500 grammes de son dans un sac en mousseline et le presser jusqu'à ce que l'eau prenne une consistance laiteuse.
- Si vous êtes de ceux que le bain endort, sachez qu'il est préférable de ne pas y rester plus de 15 minutes, et qu'il convient de vous rincer à l'eau fraîche pour tonifier la peau et stimuler la circulation sanguine.

• Si vous aimez prendre des bains tard le soir, enfilez un bas de nylon usagé à l'embout du robinet, maintenu par un élastique : cela évitera de réveiller votre entourage, car l'eau coulera sans bruit.

Baignoire

• Pour enlever le tartre, ne vous servez pas de produits pour les toilettes, qui sont trop corrosifs. Utilisez plutôt des produits pour cafetières ou fers à repasser.
• Si les taches ne sont pas trop marquées, frottez-les avec 1/2 citron enduit de sel fin ou avec du vinaigre d'alcool chaud.

Balai

• Un balai de paille se conservera plus longtemps si, au moment de l'utiliser pour la première fois, vous pensez à lui faire prendre un bain d'eau froide fortement salée.
• Quant au balai de crin, il perd de sa tenue au bout d'un certain temps. Pour que les crins ne s'affaissent plus, plongez-les dans un récipient d'eau bouillante pendant 15 minutes.

Balle de ping-pong

• Une balle de ping-pong cabossée retrouvera sa forme initiale si vous la plongez 3 minutes dans de l'eau bouillante. Ce truc ne s'adresse pas aux professionnels mais aux enfants ou aux amateurs qui n'ont pas besoin de balles d'une extrême précision.

Ballon

• Si vos enfants ont du mal à gonfler leurs ballons de baudruche, conseillez-leur de les tremper au préalable dans l'eau chaude. (*Voir illustration page suivante.*)

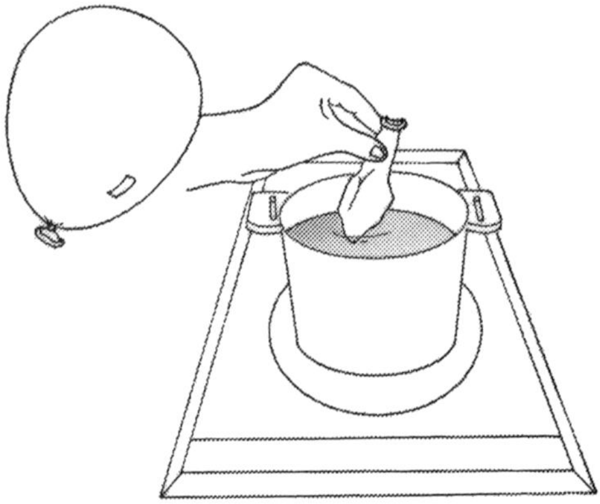

Bambou

• On ne pense pas souvent à l'entretenir. Or le bambou, comme tout autre matériau, s'altère avec le temps. Frottez-le donc avec une brosse souple trempée dans de l'eau savonneuse additionnée d'ammoniaque (2 cuillerées à soupe pour 1 litre d'eau). Rincez avec une éponge et laissez sécher avant de passer un linge légèrement imprégné d'huile de lin.

Bananes

• Les bananes se conservent difficilement car leur peau se tache très vite. Elles garderont toutefois leur aspect de fruit frais si vous les pelez et que vous les conservez au réfrigérateur enveloppées dans de l'aluminium ménager.
• Les bananes, comme les avocats, s'oxydent au contact de l'air : si vous les intégrez à une salade de fruits, pensez toujours à les arroser généreusement de jus de citron. Faites-le régulièrement jusqu'au moment de servir.

Barbecue

• Jetez une poignée de gros sel dans les braises, elles dégageront moins de fumée et resteront rouges plus longtemps.

• Des herbes aromatiques directement posées sur ces braises donneront bon goût à vos viandes ou poissons.
• Pour faire disparaître l'odeur de poisson sur la grille, faites chauffer celle-ci de façon à ce que tous les restes de poissons soient carbonisés, puis frottez avec du papier journal. Renouvelez l'opération après chaque grillade. Vous éviterez ainsi que vos aliments ne s'imprègnent d'odeurs tenaces.

Batterie de voiture

• Pour nettoyer les bornes encrassées d'une batterie de voiture, mélangez 3 cuillerées de bicarbonate de soude avec de l'eau dans un bol. Badigeonnez les bornes avec un pinceau, laissez agir quelques minutes puis essuyez avec un chiffon propre.

Beignets

• Ils s'apprécient d'autant plus qu'ils sont légers. Ajoutez à la pâte une cuillerée à café de levure chimique ou un peu de bière. Vous verrez votre plat de beignets disparaître en un clin d'œil !

Betteraves

• Vous les éplucherez plus facilement si, après les avoir fait cuire durant 2 heures, vous les plongez aussitôt dans l'eau froide. Le changement de température vous soulagera d'une tâche pas très agréable.
• Il faut savoir qu'une cuillerée à café de sucre ajoutée à la vinaigrette relèvera le goût de la betterave et lui donnera nettement plus d'onctuosité.
• Si vous mélangez une betterave à d'autres crudités, rien ne pourra l'empêcher de « déteindre », à moins de l'ajouter seulement à la dernière minute.
• Vous nettoierez vos mains tachées par la betterave en les frictionnant avec du jus de citron.

Beurre

• En l'absence d'un réfrigérateur, le beurre se conserve 8 jours enveloppé dans un linge imprégné d'eau vinaigrée.

• S'il est rance, il n'est pas perdu : plantez dans la motte, pendant 3 heures, une carotte épluchée. Il retrouvera alors toute sa saveur.

• Pour le faire ramollir, remplissez une tasse d'eau chaude et videz-la 30 secondes après, le temps qu'elle se soit imprégnée de chaleur. Placez-y le beurre et couvrez avec une assiette.
Après 1 minute, le beurre sera fin prêt à être tartiné !

✔ Voir aussi *Graisse.*

Bidon

• Lorsque vous videz un bidon d'essence dans le réservoir de votre voiture, inclinez-le à plat et non sur la tranche comme on a l'habitude de le faire. Vous ne perdrez plus une goutte d'essence.

• Vous pouvez également utiliser un morceau de chambre à air de vélo de 20 à 25 centimètres de long. Suffisamment souple, il s'adapte à l'ouverture du bidon et se glisse, par son autre extrémité, dans le réservoir de votre véhicule, faisant ainsi office de tuyau.

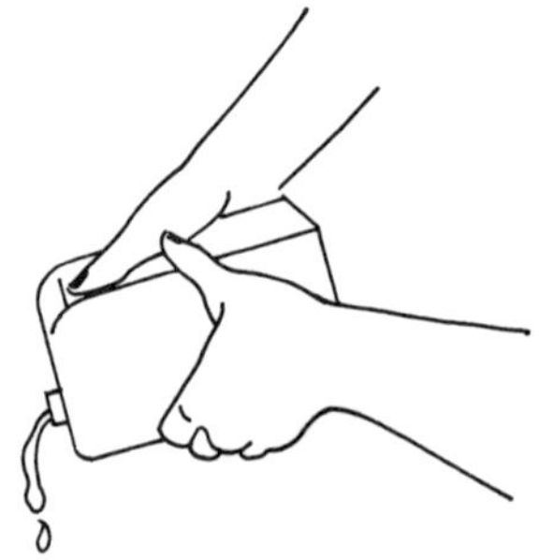

non

oui

Bière

- Une bouteille de bière entamée ne s'éventera pas si vous la conservez la tête en bas dans votre réfrigérateur. Mais pensez bien à la reboucher hermétiquement, sinon gare aux fuites !
- Vous nettoierez une tache de bière sur du tissu de couleur avec une goutte de glycérine. Frottez délicatement pour faire pénétrer, puis rincez à l'eau tiède avant de laver votre linge normalement.
- Sur du coton blanc, laissez tremper 5 minutes dans 1 litre d'eau additionnée de 250 ml d'eau de Javel.

Bijoux

✔ Voir *Ambre, Argent, Camée, Corail, Diamant, Or, Perles, Turquoises.*

Bijoux de fantaisie

- Vous les entretiendrez en les nettoyant tout simplement à l'eau savonneuse.
- S'ils noircissent votre peau, n'hésitez pas à badigeonner la partie qui déteint avec du vernis à ongles incolore.
- Il faut savoir par ailleurs qu'une goutte de vernis à ongles suffit largement à maintenir en place une pierre décollée.

Biscotte

- Qui n'a pas rêvé de tartiner une biscotte sans la réduire en morceaux ? L'astuce est des plus simples et des plus efficaces : il suffit d'empiler 3 biscottes (et non 2 comme on l'entend parfois) pour étaler son beurre sans plus de problème.

Bocal

- L'ouverture d'un bocal sera facilitée si vous disposez un bracelet élastique (joint de bocal de conserve par exemple) autour du couvercle. Vous aurez ainsi une meilleure prise pour le dévisser. Si malgré cela le bocal vous résiste, placez-le, « la tête en bas », dans une casserole remplie d'eau que vous ferez chauffer à feu doux durant 10 minutes.

• Vous pouvez également avoir recours à cette autre méthode : posez le bocal à l'envers sur une plaque chauffante ou passez-le au-dessus d'une flamme. La dilatation du couvercle permettra son desserrage sans effort.

• Pour désodoriser un bocal ayant conservé toutes sortes d'ingrédients, lavez-le puis placez-le ouvert dans le réfrigérateur pendant 1 heure. Vous pourrez de nouveau l'utiliser.

✔ Voir aussi *Étiquette.*

Bois blanc

• Au bout d'un certain temps, le bois blanc se ternit toujours. Pour qu'il retrouve sa teinte initiale, passez chaque jour durant une semaine une éponge imprégnée d'eau chaude javellisée (100 ml pour 1 litre d'eau). Rincez ensuite à l'eau très légèrement ammoniaquée. Espacez ensuite le traitement : une fois par semaine durant un mois, puis une fois par mois.

Bois ciré

• Pour nourrir du bois ciré, frottez-le avec un chiffon imprégné de lait chaud. Laissez sécher avant de passer un chiffon de laine humecté d'huile de table. Il ne vous restera plus qu'à encaustiquer. Des taches d'eau sur du bois ciré s'élimineront si vous les frottez avec un bouchon de liège.

• Pour faire disparaître des salissures de mouches ou des taches de sucre, recouvrez-les de marc de café tiède délayé dans un peu d'eau, puis frottez-les avec un chiffon sec.

• La marque d'un plat chaud déposé sur du bois ciré s'effacera si vous la recouvrez de cendre de cigarette mélangée à un peu de pétrole. Frottez la surface avec un bouchon de liège, puis essuyez et passez votre cire habituelle.

Bois clair

• Vous le protégerez des taches en l'enduisant une fois par mois d'huile de lin et d'essence de térébenthine, mélangées en quantités égales.

Bois doré

• S'il s'agit simplement d'entretenir régulièrement le bois doré de vos cadres ou consoles, passez un chiffon imprégné d'eau savonneuse. Utilisez un savon surgras : il ne contient pas de détergent et ne risque pas d'altérer la dorure.
• Pour nettoyer et redonner du brillant au bois, utilisez cette recette : ajoutez quelques gouttes d'eau de Javel à un blanc d'œuf battu en neige. Appliquez le mélange sur la surface de votre cadre avec un pinceau souple et laissez sécher. Frottez ensuite délicatement avec un chiffon.
✔ Voir aussi *Cadre.*

Bois exotique

Naturellement inaltérable, le bois exotique (le teck par exemple) subit cependant à la longue une légère oxydation qui lui donne grise mine.
• Pour qu'il retrouve sa couleur d'origine, passez-le au papier de verre très fin, dépoussiérez-le et appliquez ensuite un peu d'huile de teck.

Bois gondolé

Un meuble dont le bois est gondolé peut retrouver son aspect initial si vous utiliser ce truc, qui est toutefois à proscrire sur des meubles de valeur.

• Recouvrez la partie atteinte d'un papier collant, sur lequel vous passerez un morceau de coton hydrophile de même taille, imprégné d'eau. Maintenez le coton en contact en le couvrant d'une autre bande de papier collant. Laissez agir toute une nuit puis décollez l'ensemble.
• Vous pouvez aussi recouvrir la partie abîmée d'un linge humide, sur lequel vous appliquerez un fer chaud. Pour ce dernier truc, voir aussi *Placage.*

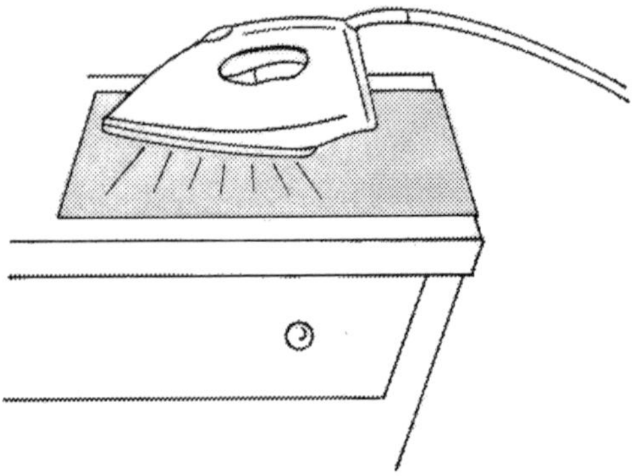

Bois verni

• Des taches d'eau peuvent sembler difficiles à effacer sur du bois verni. Il n'en est rien. Il suffit, en effet, de les frotter avec un chiffon doux imprégné d'un mélange composé d'huile d'olive et d'alcool à 90 degrés en quantités égales. Aucune auréole n'apparaîtra plus après ce traitement.
• Pour enlever les salissures de mouches, faites encore appel au marc de café, mais ne le diluez pas dans l'eau. Procédez ensuite comme pour le bois ciré.

Boisson chaude

• Une boisson chaude versée dans un verre peut le faire éclater, à moins de placer une cuillère dans le verre ou de disposer un linge humide sous le récipient.

Boîte à outils

● Si vos outils ne sont pas inoxydables, la rouille peut les ronger. Vous supprimerez pareil inconvénient en plaçant un morceau de charbon de bois à l'intérieur de votre boîte..

✔ Voir aussi *Marteau.*

Boîte en plastique

● L'eau savonneuse ne suffit pas toujours à dégraisser une boîte en plastique. Avant de la laver, procédez désormais de la façon suivante : passez un papier absorbant sur toute la surface et saupoudrez la boîte de talc. Essuyez-la bien puis nettoyez-la enfin à l'eau savonneuse. Elle sera parfaitement nette.

Bottes

● Les bottes, souvent souples, ne sont pas faciles à maintenir droites. Enfilez à l'intérieur une bouteille de 1 ou 1,5 litre, selon la hauteur de la botte. Ce système peu esthétique évitera toutefois que vos bottes ne plissent.

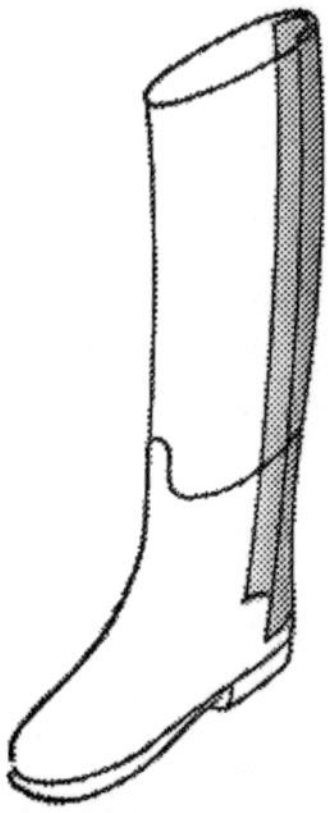

● Vous pouvez, à défaut d'une bouteille, utiliser un magazine suffisamment épais. Enroulez-le sur lui-même et glissez-le à l'intérieur de la botte. Il s'adaptera automatiquement à son diamètre.

● Il n'est pas toujours aisé d'enfiler une botte lorsqu'elle ne possède pas de fermeture Éclair. Pour que votre pied glisse plus facilement, collez un ruban de satin à l'intérieur de votre botte le long de la tige, en partant du talon.

Bottes en caoutchouc

• Elles conserveront plus longtemps leur élasticité et leur souplesse si vous les frottez tous les 15 jours avec un tampon imbibé de lait tiède ou si vous les badigeonnez de blanc d'œuf battu en neige. Passez ensuite une éponge humide et essuyez avec un chiffon sec.

Bouche d'aération

• La poussière s'y accumule, les insectes s'y accrochent, leur nettoyage est fastidieux. Pensez alors à garder les filets de nylon qui renferment vos bas ou collants. En effet, il suffit tout simplement de dévisser les bouches d'aération de votre salle de bains et cuisine, de plaquer le morceau de nylon et de refermer le tout. Ces filtres retiendront ainsi toutes les saletés. Vous n'aurez plus qu'à les changer régulièrement.

Bouchon

• Avant de reboucher une bouteille de vin entamée, enfoncez une allumette dans le bouchon de liège, enflammez-la et rebouchez aussitôt la bouteille, sans chercher à retirer l'allumette. L'air contenu dans la bouteille sera ainsi raréfié, ce qui empêchera votre vin de s'éventer.

• Si votre bouchon de liège est trop gros, vous pourrez le réduire à la taille du goulot de la bouteille en l'immergeant 3 ou 4 minutes dans de l'eau bouillante.

Boudin blanc

• Le boudin blanc a tendance à éclater lors de la cuisson. Pour éviter cet inconvénient, enlevez-lui sa peau avant la cuisson.

Boue

• Attendez qu'elle sèche avant de frotter votre vêtement avec une brosse souple. Si une trace subsiste, nettoyez-la avec un mélange constitué d'eau et de vinaigre blanc en quantités égales.
• Employez la même technique pour des traces de boue sur la moquette.
• Sur de la laine, la boue séchée n'est pas facile à ôter. Badigeonnez la tache avec du jaune d'œuf et rincez à l'eau claire 1 ou 2 minutes plus tard. Si des traces de graisse apparaissent ensuite, faites-les disparaître avec un linge imbibé d'alcool à 90 degrés.

Bougeoirs

• Si vos bougeoirs disparaissent sous les coulures de bougies, ne grattez pas la surface que vous risquez de rayer, surtout si elle est en argent. Entreposez votre bougeoir au réfrigérateur : le froid permettra de détacher la cire par pans entiers.

Bougies

• Vous prolongerez l'existence de vos bougies en plaçant 3 grains de gros sel au pied de la flamme ou si vous les entreposez dans votre congélateur 2 heures avant de les utiliser.
• Pour éviter que les bougies ne coulent, il suffit de les tremper une nuit dans de l'eau salée.
Si les bougies illuminent vos intérieurs, elles n'en sont pas moins à l'origine de quelques taches pas toujours faciles à ôter :
• Des éclats de bougie sur une glace ou un miroir dispa-

raîtront si vous les frottez avec un chiffon imprégné d'eau chaude additionnée de quelques gouttes d'ammoniaque.
- Sur du bois ciré ou verni, grattez tout d'abord la tache de bougie avec un morceau de carton de façon à en enlever l'essentiel. Frottez ensuite avec un peu d'eau chaude puis avec un tampon d'essence de térébenthine et d'huile de lin, mélangées en quantités égales. Laissez sécher et passez votre cire habituelle.
- Sur du tissu, enlevez l'essentiel de la bougie en grattant comme précédemment et lavez. Lorsque vous repasserez, placez le tissu en sandwich entre deux feuilles de papier buvard.

Bougies de voiture

- Votre voiture démarrera sans problème, malgré le mauvais temps, si vous passez une fine couche de vernis à ongles incolore sur les fils des bougies et sur les couvercles. Le vernis est, en effet, un isolant qui protège de la saleté comme de l'humidité.

Bouilloire

✔ Voir *Tartre.*

Bouillon

- Pour dégraisser facilement un bouillon, déposez sur sa surface une feuille de papier buvard propre. Elle absorbera la graisse superflue.
- Si vous n'avez pas le temps d'attendre que le bouillon ait refroidi pour le dégraisser, passez-le dans une passoire remplie de glaçons : au contact du

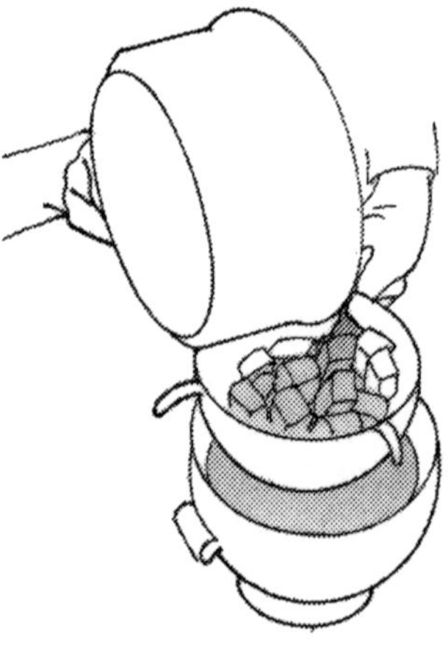

froid, la graisse se figera sur les glaçons. Votre bouillon dégraissé pourra alors être réchauffé.

Bouillotte

- N'oubliez pas de chasser l'air qu'elle contient avant de l'ébouillanter, sans quoi elle pourrait s'ouvrir !
- Elle diffusera la chaleur plus longtemps si vous la remplissez d'eau salée.
- L'hiver passé, ne la rangez pas au fond d'un placard sans prendre la précaution de talquer l'intérieur : secouez-la bien pour que le talc se répartisse sur ses parois.
- Si toutefois elle a perdu un peu de sa souplesse, immergez-la dans de l'eau chaude ammoniaquée (3 cuillerées à café d'ammoniaque pour 1 litre d'eau) pendant 15 minutes, sans oublier de remettre son bouchon.

Bouquet

- Lorsque vous composez votre bouquet, il est préférable de tailler les tiges en biseau et de pratiquer une fente de 2 centimètres à leur base. Les fleurs se conserveront plus longtemps.
- Les plantes à tiges dures et ligneuses, qui absorbent difficilement l'eau, nécessitent un autre traitement. Aplatissez la base des tiges avec un marteau et faites-les tremper dans de l'eau chaude.
- Pour conserver votre bouquet plus longtemps, jouez sur les chocs thermiques et la différence de température entre le jour et la nuit : 20 degrés le jour et 10 degrés la nuit, c'est idéal. Pour cela, placez votre vase la nuit à l'extérieur de la maison. Votre bouquet ne s'en portera que mieux.
- Si vos fleurs commencent toutefois à montrer des signes de faiblesse, plongez l'extrémité de leur tige dans de l'eau bouillante durant 3 minutes. Coupez ensuite les parties qui viennent d'être immergées et recomposez votre bouquet en le plaçant dans une eau propre.

✔ Voir aussi *Roses*, *Tulipes*.

Bouteille

• Pour nettoyer le fond d'une bouteille en verre, versez de l'eau chaude mélangée à de la sciure de bois. Secouez puis rincez plusieurs fois.

• Si la bouteille est vraiment très sale, de l'eau chaude additionnée de 4 cuillerées à soupe de farine de moutarde aura pour effet de lui redonner tout son éclat. Laissez tremper une bonne demi-heure avant de rincer. Ce système est également valable pour les flacons et les carafes.

✔ Voir aussi *Étiquette, Transport, Transvasement.*

Bouton

• Pour limiter les risques de perdre un bouton (à 4 trous), cousez-le de la façon suivante : passez un fil dans deux trous seulement, nouez et coupez. Répétez la même opération avec les deux autres trous. Si un fil lâche, votre bouton sera toujours tenu par le second.

• Par sécurité, vous pouvez également poser une goutte de vernis à ongles incolore au centre de chaque bouton cousu, à l'endroit comme à l'envers.

Boutures

• Pour réussir vos boutures, prélevez un rameau sur un arbre ou un arbrisseau, dont vous effeuillez l'extrémité. Trempez ensuite cette partie dénudée dans de la poudre d'hormone de jardinage (elle facilite l'apparition des racines et s'achète en grandes surfaces), puis plantez-la dans une terre humide. Arrosez bien le pied sans mouiller les feuilles et protégez la partie découverte avec une bouteille en plastique dont vous aurez ôté le fond et le bouchon.

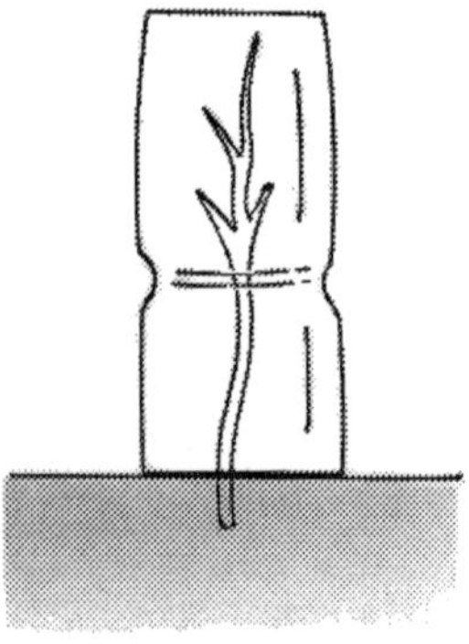

• Attendez 15 jours avant d'arroser de nouveau, et une semaine avant d'enlever la bouteille protectrice.
✔ Voir aussi *Bac à réserve d'eau, Rosier.*

Braises

• Ne laissez pas votre feu de cheminée s'éteindre sous prétexte que vous n'avez pas de soufflet. Car il suffit tout simplement de jeter dans le feu une poignée de gros sel ou d'utiliser votre sèche-cheveux (souffle maximum) pour raviver les braises.

Briques

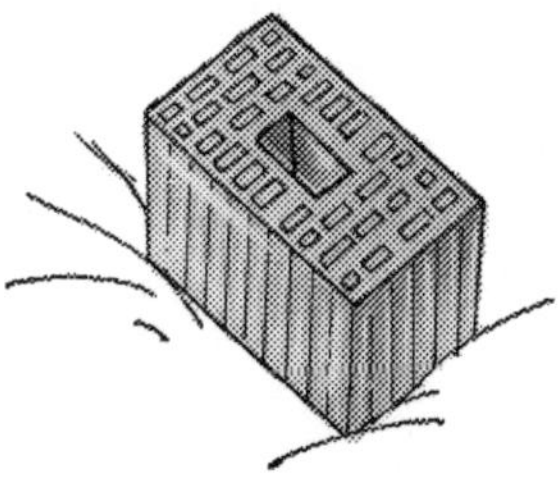

• Elles se brisent très facilement dès qu'on les coupe, au désespoir des bricoleurs. Pour résoudre ce problème, emplissez vos briques de sable et posez-les sur une couche de sable. Vous travaillerez ainsi sans ennuis.

Broderies

• Pour raviver les couleurs des broderies ternies par le temps, plongez-les dans de l'eau salée (5 cuillerées à café de sel fin pour 1 litre d'eau) avant de les laver. Elles seront ainsi également protégées contre les poussières à venir.
• Les broderies d'or réclament une plus grande attention. Frottez-les avec de la mie de pain rassis passée au four, puis secouez le tissu pour enlever les miettes qui s'y seraient incrustées. L'or ainsi traité brillera de tous ses feux.

Bronzage

• Pour préparer votre peau au bronzage, faites une cure de carottes (crues, râpées ou en jus) pendant le mois qui précède vos vacances, car le carotène qu'elles contiennent favorise le hâle.

- Pendant la période d'exposition au soleil, la règle d'or est l'hydratation. Il faut donc boire beaucoup d'eau (environ 2 litres par jour) et ne pas hésiter à s'enduire de crèmes grasses.
- Il convient également de nettoyer la peau en profondeur. Pour éviter d'acheter une crème gommante, frottez-vous visage et corps avec du miel cristallisé. Cette méthode élimine les impuretés et rend le bronzage plus lumineux.
- Un dernier conseil de beauté : 4 gouttes de Mercurochrome diluées dans votre huile de bronzage vous donneront un teint naturellement hâlé. C'est idéal, notamment lors de vos premières expositions, si votre couleur « cachet d'aspirine » vous complexe quelque peu !

✔ Voir aussi *Après-bronzage, Paupières.*

Bronze

- Pour nettoyer du bronze encrassé, frottez-le avec une brosse souple trempée dans le mélange suivant : 1/3 de vinaigre, 1/3 d'ammoniaque, 1/3 d'eau. Essuyez ensuite avec un chiffon sec et polissez avec une peau de chamois.
- Si vous ne venez pas à bout de la saleté, ayez alors recours à l'essence. Imprégnez-en un chiffon et frottez sur toute la surface, rincez abondamment à l'eau froide et laissez sécher.

Vous le lustrerez ensuite en passant un chiffon imprégné de jus de citron ou d'un mélange d'eau tiède et d'alcool à brûler (1/5 d'alcool pour 4/5 d'eau).

- Il faut savoir par ailleurs qu'un certain nombre de détails permettent de savoir si votre bronze est une copie de bronze ancien : un envers de bronze plat et poli, sans trace de grain de fonte, est un faux. Les angles saillants doivent être polis avec le temps : les angles acérés n'existent pas sur un bronze ancien.

Enfin, frappez votre bronze avec une pièce métallique. S'il sonne creux, considérez-le comme un faux.
✔ Voir aussi *Vert-de-gris.*

Bronze doré

- Évitez les produits abrasifs qui pourraient ternir la dorure. Utilisez plutôt une solution composée d'eau savonneuse et de quelques gouttes d'ammoniaque (10 gouttes pour 1 litre d'eau). Frottez délicatement avec un chiffon et rincez à l'eau froide. La transformation sera radicale.

✔ Voir aussi *Vert-de-gris.*

Brosse à cheveux

Pour être efficace, une brosse doit être débarrassée des cheveux et autres duvets qui s'accumulent chaque jour.

- Pour ce faire deux opérations sont nécessaires : ôtez quotidiennement les cheveux qui s'y sont accrochés, et plongez tous les mois votre brosse dans 1 litre d'eau savonneuse auquel vous aurez ajouté 5 gouttes d'ammoniaque. Laissez tremper pendant 15 minutes, le temps que le mélange dissolve les résidus et tue les microbes.
- Un tel traitement peut endommager les brosses dont le manche est en bois. Pour éviter de les abîmer, prenez soin de les enduire de vaseline avant de les immerger.

Brosses

- Les brosses à habits, à chaussures ou à ongles finissent, à la longue, par devenir trop souples. Immergez-les dans un mélange d'eau froide et de vinaigre en quantités égales. Elles retrouveront ainsi leur fermeté.

Brûlure

Il ne s'agit, ici, que de soigner des brûlures bénignes, au premier degré.

- Pour apaiser la douleur et éviter la formation de cloques, versez immédiatement quelques gouttes de

vinaigre de vin rouge sur la brûlure.

• Vous pouvez également râper de la pomme de terre crue et en disposer sur la partie atteinte, avant de recouvrir le tout d'un pansement. Renouvelez l'opération chaque fois que vous sentirez quelques picotements. Ce remède soulage la douleur et accélère la cicatrisation.

• Il en est de même pour cette autre solution : frottez aussitôt la partie brûlée dans votre chevelure. Le sébum du cheveu apaise en effet la douleur.

• Une compresse de lait bouilli ou du dentifrice mentholé étalé en couche épaisse sur la brûlure ont un effet réellement anesthésiant... mais pas curatif !

Bruyère

• Au bout d'un certain temps, la bruyère a tendance à sécher et à se flétrir. Vous prolongerez son existence en piquant chaque branche dans une petite pomme de terre crue, dissimulée dans le vase.

Buée

• La buée recouvre systématiquement vos miroirs de salle de bains ou autres pare-brise et cela vous agace ! Qu'à cela ne tienne, frottez les surfaces avec un morceau de savon sec, ou avec une éponge imprégnée de quelques gouttes de shampooing. Essuyez ensuite avec un chiffon sec. Désormais, la vapeur d'eau ne se fixera plus sur les vitres.

C

Cactus

• Alors que l'on s'occupe généralement avec soin de ses plantes d'appartement, on néglige souvent le cactus en raison de son aspect épineux. Il est pourtant simple de se servir de son sèche-cheveux pour le dépoussiérer sans se piquer !

• Quant au cactus chevelu, il faudra vous résoudre à lui faire prendre une « douche » au moins une fois par an pour éviter que sa toison ne grisaille. Protégez tout d'abord la terre de son pot en la recouvrant d'aluminium ménager. Frottez ensuite délicatement ses poils avec une brosse douce trempée dans de l'eau savonneuse et rincez à l'eau claire.

Cadre

• Vous n'aurez plus à vous plaindre que votre cadre est toujours de travers si vous prenez le soin de coller derrière chacun des coins un petit morceau de papier de verre qui jouera le rôle d'adhésif.

• Les cadres, lorsqu'ils sont dorés notamment, attirent les mouches. Vous éviterez qu'ils ne soient souillés si vous les frottez avec une moitié d'oignon. L'odeur dégagée éloignera définitivement les insectes.

Café

- Ces deux astuces relèveront l'arôme de votre café : ajoutez à la poudre une pincée de sel et une de sucre, avant de filtrer normalement. Humectez-le avec un peu d'eau chaude avant de verser l'eau bouillante. Votre café n'en sera que meilleur.
- Une tache fraîche de café disparaîtra si vous la saupoudrez immédiatement de sel.
- Une tache plus ancienne sur du coton blanc se nettoiera avec de l'eau oxygénée ou de l'eau de Javel. Cette solution convient aussi au bois ciré.
- Sur du tissu de couleur, vous pouvez délayer du jaune d'œuf dans un peu d'eau tiède, et frotter la tache avec cette substance. Rincez aussitôt.
- Sur un tapis, passez tout d'abord une éponge légèrement humidifiée pour absorber le café, puis frottez la tache avec de l'alcool et du vinaigre blanc mélangés en quantités égales.
- Jetez sans crainte votre marc de café dans l'évier, il désodorisera et dégraissera vos canalisations.
- S'il vous reste du café, ne le jetez pas, mettez-le dans des bacs à glaçons, au congélateur, il parfumera agréablement du lait chaud ou froid.

Café en grains

• Si les grains ont perdu de leur fraîcheur, faites-les sécher dans une poêle pendant 15 minutes. N'ajoutez pas d'huile car le café contient naturellement de la graisse. Il ne vous restera plus qu'à moudre vos grains pour constater qu'ils ont retrouvé tout leur arôme.

Calcaire

• Le calcaire qui entache vos sanitaires se résorbera si vous le saupoudrez de gros sel et si vous l'arrosez de vinaigre chaud. Laissez agir toute une nuit avant de frotter, si besoin est, avec une brosse dure. Vos sanitaires seront ainsi reluisants.
• Vous réduirez les traces de calcaire de votre robinetterie en l'enduisant régulièrement de vaseline. Polissez ensuite avec un chiffon sec.
• Les dépôts de calcaire dans le fond d'un aquarium s'élimineront en le frottant vigoureusement avec un simple morceau de sucre. Mais n'oubliez pas auparavant de vider votre aquarium !
• Pour déloger le calcaire incrusté dans le pommeau de votre douche, il suffit le plus souvent d'une simple brosse à dents usagée imprégnée d'ammoniaque : ses poils sont en effet suffisamment fins pour pénétrer dans les interstices et nettoyer en profondeur.
• S'il est vraiment très encrassé, trempez-le directement pendant 3 heures dans de l'eau javellisée (2 volumes d'eau de Javel pour 1 volume d'eau).

Cambouis

Le cambouis fait des ravages, car il est particulièrement difficile à enlever.
• Sur du tissu, retirez le maximum de cambouis avec un morceau de carton, passez ensuite une noix de beurre sur la surface et lavez à l'eau chaude savonneuse.

• Sur du cuir, imprégnez la tache de vaseline, laissez agir et essuyez avec un chiffon sec.
• Quant à la carrosserie d'une voiture, le remède idéal est de passer un coton imprégné d'essence de térébenthine.

Camée

• Pour déloger la poussière qui recouvre votre camée, tamponnez-le délicatement avec un linge légèrement imbibé d'alcool à brûler.
✔ Voir aussi *Ivoire.*

Cannage

• Rien n'empêchera que le cannage de votre chaise ne s'affaisse.
En revanche, vous pourrez toujours le retendre. Passez sur l'envers une éponge dégorgeant d'eau. Le cannage doit en être complètement imprégné. Faites-le ensuite sécher au soleil durant une journée.
Après ce traitement, il se resserrera pour votre plus grand confort.

Carottes

• Elles se conserveront durant 3 à 4 semaines si vous les recouvrez entièrement de sable après les avoir disposées horizontalement.
• Il n'est pas utile de gratter la pellicule qui recouvre les carottes nouvelles. Posez plutôt vos légumes sur un torchon et saupoudrez-les de gros sel. Frottez ensuite avec la main avant de les rincer à l'eau froide. Leur fine peau sera ainsi éliminée.
• Lorsque vous ferez cuire vos carottes, ajoutez à leur eau une pincée de sucre en poudre. Elles seront encore plus savoureuses.
✔ Voir aussi *Beurre, Semis.*

Carrelage

• Vous n'aurez plus besoin de nettoyer votre carrelage trop souvent si vous prenez cette précaution : lavez-le à l'eau chaude ammoniaquée, puis enduisez-le de deux couches d'huile de lin. Attendez que la première couche soit sèche avant de passer la seconde.

• Il faut savoir, par ailleurs, que l'eau de cuisson des pommes de terre est un excellent produit d'entretien. Utilisez-la surtout pour nettoyer des carreaux très encrassés. Laissez agir 10 minutes avant de rincer à l'eau claire.

Carrosserie

• Elle reluira si vous passez sur toute sa surface un mélange d'alcool à brûler (1/10) et d'huile de vaseline (9/10). Lavez-la, faites-la sécher et essuyez avec un chiffon doux.

✔ Voir aussi *Travaux de peinture.*

Cartes à jouer

• Elles glisseront beaucoup mieux entre vos mains si vous les saupoudrez de talc. Essuyez-les ensuite avec un chiffon sec.

• Les vrais joueurs utilisent toujours les mêmes cartes, mais elles finissent, à la longue, par se salir. Frottez-les alors avec de la mie de pain ou une gomme.

• Si vous manquez de patience, passez sur la surface des cartes un coton imprégné de lait froid. Vous serez étonné du résultat.

Casseroles

• Pour nettoyer une casserole au fond de laquelle des aliments ont attaché, recouvrez le fond d'une couche de sel et laissez agir pendant 2 heures ou faites bouillir une poignée de cendre de bois dans 1 litre d'eau.
• Il faut savoir que la prêle, cette plante qui pousse dans les lieux humides, vous servira à récurer efficacement vos casseroles : la silice qu'elle contient est un véritable abrasif naturel. Composez des bouquets et laissez-les sécher. Frottez ensuite tout simplement le fond de vos plats avec les feuilles puis rincez abondamment à l'eau chaude.
• Si ces remèdes ne viennent pas à bout de la saleté, mettez 1 centimètre d'eau de Javel pure et faites bouillir. Votre casserole redeviendra lisse comme au premier jour.
✔ Voir aussi *Aluminium*.

Céleri-rave

• Pour éviter qu'il noircisse une fois râpé, arrosez-le de jus de citron. Vous le rendrez plus onctueux si vous le passez sous l'eau bouillante avant de l'assaisonner.

Champignons

• Vous éviterez que les champignons ne rendent de l'eau à la cuisson si vous les passez auparavant au four (thermostat 6) pendant 15 minutes. Une fois séchés, ils ne vous poseront plus de problème.

Charançons

• Ils ne s'attaqueront plus aux haricots secs si vous prenez le soin d'ajouter une gousse d'ail (pour 1 kg) dans le bocal où vous les conservez. Les charançons détestent cette odeur.

Charbon

• S'il vous en reste très peu pour faire un barbecue, sachez qu'il se consume moins vite, sans perdre pour autant son pouvoir calorifique, si vous l'arrosez légèrement d'eau salée.

Chardon

• C'est un véritable parasite dans le jardin ! Il suffit pour le détruire de le couper régulièrement sans le déraciner. Faites-le de préférence en été, avant la floraison, car les tiges se dessécheront et faneront rapidement.
• Et pour un résultat optimum, badigeonnez les restes éventuels de tiges de chardon avec du pétrole : la plante sera alors définitivement asphyxiée.

Chat

• Si votre chat n'est pas propre et « s'oublie » un peu partout dans la maison, préparez une infusion de valériane et imprégnez-en légèrement la sciure ou les gravillons de sa litière. Attiré par l'odeur, votre félin préféré n'ira plus jamais ailleurs. Les chats sont également sensibles aux effluves d'eau de Javel. Nettoyez l'endroit que vous leur réservez avec ce produit. De cette manière, vous le disciplinerez.
Ces deux procédés ont pour autre avantage de désodoriser le bac.
✔ Voir aussi *Écuelle, Moquette, Pelage, Poils, Puces, Purge de chats.*

Châtaignes

• Comment éplucher des châtaignes sans y passer des heures ? Plongez-les dans de l'eau bouillante additionnée d'une cuillerée à soupe d'huile de table.

Une fois cuites, passez-les sous l'eau très froide. Leur écorce s'enlèvera très facilement.

Chaussettes

• Pour redonner du blanc à vos chaussettes de sport qui ont tendance à jaunir, ajoutez soit du citron, soit de l'eau oxygénée à votre eau de lavage.

Chaussures

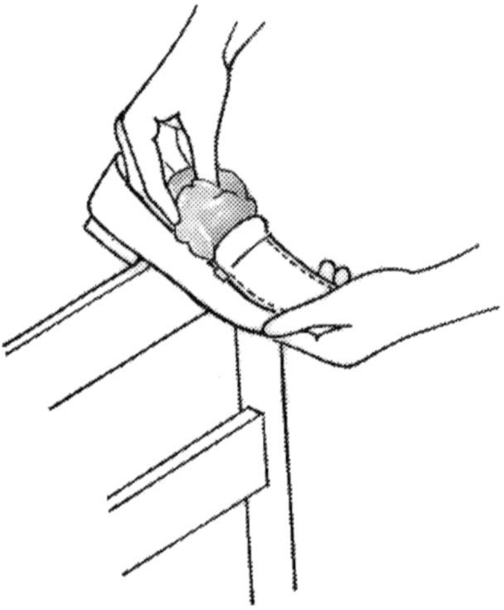

• Lorsque vos chaussures ont été trempées, bourrez-les avec du papier journal et accrochez-les par les talons aux barreaux d'une chaise. Dès que le papier journal aura absorbé l'humidité, enduisez-les de vaseline et laissez-les sécher.

• Lorsque vos chaussures sont sèches, une auréole blanchâtre peut apparaître à la surface du cuir. Vous l'enlèverez en frottant la chaussure avec un mélange composé de glycérine et d'essence de térébenthine en quantités égales. Faites pénétrer avec un chiffon puis cirez et polissez avec un vieux collant. Il fera briller le cuir d'une manière étonnante.

Chaussures neuves

• Si des chaussures neuves vous serrent, imbibez un morceau de coton avec de l'alcool à 90 degrés. Passez-le à l'intérieur de la chaussure jusqu'à ce que le cuir soit bien humidifié. Glissez aussitôt votre pied. Recommencez la même opération le lendemain : votre chaussure s'adaptera rapidement à votre pied.

• Vous pouvez aussi imprégner d'eau des feuilles de papier journal. Essorez-les et faites-en des boules. Bourrez-en vos chaussures et recommencez l'opération autant de fois que cela s'impose : en séchant, le papier gonfle, et détend le cuir.

✔ Voir aussi *Crocodile, Cuir, Daim, Imperméabilisation, Semelles, Talons de chaussure.*

Cheminée en briques

• La suie a terni les briques de votre cheminée. Frottez-les alors avec une éponge humide imprégnée de fine poudre de pierre ponce.

• Et, pour éviter de nettoyer trop souvent votre cheminée, prenez le soin de passer de la cire blanche sur toute la surface. Les briques s'imprégneront moins facilement de suie.

✔ Voir aussi *Marbre, Odeurs, Suie, Vitre de cheminée à foyer fermé.*

Chemise

• Malgré les lavages successifs, une trace peut rester visible sur votre col au niveau de la cassure. Pour l'éviter, prenez l'habitude de passer du savon de Marseille sec aux endroits exposés (cols, poignets...) avant de les laver. De cette façon, vos chemises resteront impeccables plus longtemps.

Chenilles

• Pour que les chenilles cessent définitivement de menacer vos plantes, faites bouillir dans 1 litre d'eau 5 branches de sureau pendant 20 minutes, et arrosez les pieds des plantes avec cette décoction. Les chenilles n'iront plus s'y frotter !

Cheveux

✔ Voir *Brosse à cheveux, Cheveux blancs, Cheveux blonds, Cheveux bruns, Cheveux gras, Cheveux roux, Cheveux secs, Chute de cheveux, Mise en plis.*

Cheveux blancs

• Pour masquer en douceur les premiers cheveux blancs, c'est une décoction à base de lierre qui s'impose. Faites bouillir pendant 5 minutes 2 feuilles de lierre passées au mixer dans 1,5 litre d'eau. Laissez refroidir et filtrez, puis rincez très lentement la chevelure. Laissez sécher à l'air libre pour que la saponine contenue dans la plante puisse agir.
• Pour ceux qui ont déjà les cheveux blancs, sachez que les rincer avec de l'eau additionnée de quelques gouttes d'un assouplissant pour lainages de couleur bleue permet d'éviter qu'ils ne jaunissent.

Cheveux blonds

• Plusieurs méthodes permettent à celles qui ont les cheveux clairs d'accentuer leurs reflets dorés. Un rinçage à base de camomille allemande (et non romaine, destinée aux infusions) donne ainsi de jolis résultats lorsque les proportions sont respectées : 8 à 10 fleurs séchées pour 1,5 litre d'eau.
Faites bouillir 10 minutes, laissez refroidir et filtrez avant de vous rincer les cheveux. Vous obtiendrez un résultat optimum si vous laissez sécher vos cheveux naturellement, de préférence au soleil.
• Vous pouvez également vous rincer avec 1,5 litre d'eau chaude à laquelle vous aurez ajouté 6 cuillerées à café de jus de citron.

Cheveux bruns

Plusieurs méthodes vous permettent de rehausser votre couleur naturelle.

• Si vos cheveux sont ternes, ajoutez 5 cuillerées à café de vinaigre de cidre à 1 litre d'eau chaude et rincez votre chevelure avec cette solution.
• Vous pouvez également utiliser des feuilles de noyer en décoction (3 feuilles passées au mixer pour 1 litre d'eau).
• Enfin, si vous souhaitez foncer votre couleur, n'hésitez pas à vous rincer régulièrement avec du café très fort (en moyenne deux fois par semaine).

Cheveux gras

• Les cheveux excessivement gras peuvent retrouver leur tonus et leur vitalité grâce à une préparation à base de menthe : portez à ébullition 1 litre d'eau mélangé à une poignée de feuilles de menthe. Laissez refroidir et filtrez avant d'utiliser cette décoction pour rincer vos cheveux tout en les massant.

Cheveux roux

• Les rousses ont tendance à trouver que leurs cheveux sont ternes. En dehors du henné, qui donne parfois des couleurs un peu agressives, elles peuvent tout simplement se rincer les cheveux avec du thé très fort. Ce dernier a en effet un important pouvoir teintant et transforme les nuances les plus tristes en chevelures incendiaires !

Cheveux secs

• Les cheveux secs se traiteront avec un masque capillaire. Mélangez 1 jaune d'œuf à 2 cuillerées à soupe d'huile d'olive. Étalez la mixture ainsi obtenue en lissant mèche à mèche. Laissez le produit agir pendant 30 minutes, puis rincez à l'eau froide avant de vous laver les cheveux normalement.

Cheville

• Si votre cheville est trop petite par rapport au trou fait dans un mur, garnissez le trou de ficelle et de colle.

Attendez que l'ensemble commence un peu à sécher pour y insérer votre cheville. Elle tiendra ainsi parfaitement.

Chewing-gum

• Pour retirer du chewing-gum collé sur du tissu, frottez-le avec un glaçon. Il durcira et se décollera sans peine et sans dommages.

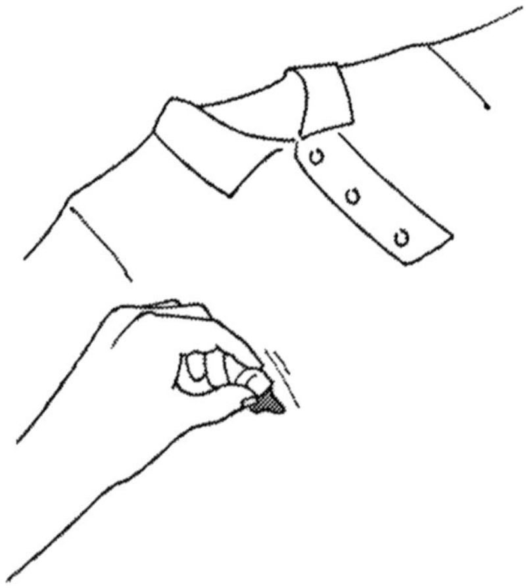

• Il n'est pas rare que les enfants s'en mettent partout, parfois même dans les cheveux. Lorsque c'est le cas, frottez bien les racines avec du monoï jusqu'à ce que le chewing-gum s'enlève aisément.

Chiens

Ils rechignent souvent à ce qu'on les soigne : ils rusent, se débattent et déjouent votre attention. Soyez plus futés qu'eux.

• Si vous voulez leur faire prendre un médicament, surtout ne l'introduisez pas dans leur nourriture au risque de retrouver le comprimé intact. Écrasez-le très finement et mélangez-le à une cuillerée à soupe de sucre en poudre. La gourmandise finira par avoir le dessus.

• Si leurs dents sont entartrées, frottez-les avec un demi-citron. Les chiens en raffolent.
✔ Voir aussi *Écuelle, Moquette, Pelage, Poils, Puces.*

Chocolat

• Vous empêcherez le chocolat d'attacher au fond de la casserole si vous versez quelques gouttes d'eau froide sur les carrés avant de les faire fondre.
• Il faut savoir que le parfum du chocolat sera relevé si vous le faites fondre dans un peu de café (3 cuillerées à soupe pour 150 grammes de chocolat).
• Une tache de chocolat sur du tissu disparaîtra si vous la frottez avec un coton imprégné d'alcool à 90 degrés dilué dans un peu d'eau.
✔ Voir aussi *Mousse au chocolat.*

Chou

• Vous le rendrez bien plus digeste si vous pensez à le plonger 5 minutes dans l'eau bouillante avant de le faire cuire à votre convenance.
• Ceux qui détestent l'odeur dégagée par le chou s'en débarrasseront en enveloppant le couvercle de la casserole, dans laquelle il repose, avec un linge trempé dans du vinaigre ou en plaçant un morceau de pain frais dans l'eau de cuisson.

Choucroute

• Une choucroute sera plus digeste si vous la faites cuire en y ajoutant une tête d'ail avec ses racines (pour 4 personnes). L'ail absorbera toute l'acidité de la choucroute.
• Quelques grains de genièvre enlèveront eux aussi l'acidité, ainsi qu'une pomme coupée en fines lamelles et cuite avec le chou.

Chou rouge

• Une fois râpé, le chou rouge a tendance à perdre sa superbe couleur carmin. Si vous êtes sensible à l'esthétique dans votre assiette, préservez sa teinte en lui ajoutant, tout de suite après l'avoir râpé, une cuillerée de vinaigre chaud.

Chrome

- Les parties chromées de votre intérieur sont souvent difficiles à faire briller. Saupoudrez-les de cendre froide de cigarette et frottez avec un chiffon propre. Puis rincez-les à l'eau claire et faites sécher. La cendre nettoiera et redonnera de l'éclat à tous vos objets.
- En revanche, pour éviter la rouille, ce n'est pas de la cendre mais du ciment en poudre qui s'impose : recouvrez-en les surfaces à traiter, puis frottez avec un chiffon sec. Le chrome sera ainsi protégé.

Chute de cheveux

- Il n'existe pas de produit miracle contre la chute des cheveux. Néanmoins, si celle-ci est passagère (due au stress par exemple) et non d'origine congénitale, des préparations à base d'orties peuvent freiner l'évolution de la chute. Faites bouillir 1/2 livre de racines d'ortie dans 1/2 litre de vinaigre. Après avoir laissé refroidir et filtré, frictionnez-vous la tête avec cette lotion au moins une fois par jour jusqu'à épuisement du mélange.
- Si vous avez la possibilité de vous procurer des orties fraîches, sachez qu'un cataplasme constitué de feuilles passées au mixer peut produire des résultats si vous l'appliquez au moins une fois par semaine pendant 1 heure.

Ciment

- Il est impossible, lorsque l'on fabrique du ciment, de ne pas laisser de traces derrière soi. Frottez énergiquement le sol taché avec du vinaigre bouilli. Les traces de ciment disparaîtront.

Cintre

- Les pantalons sont souvent marqués par la barre du cintre au niveau des genoux. Pour éviter ces mauvais plis, récupérez un rouleau de carton (qui supporte le papier cadeau, aluminium ou essuie-tout). Fendez-le sur toute sa longueur et glissez-le autour de la barre de votre cintre. Pour éviter qu'il ne bouge, percez deux trous à chaque extrémité du cylindre. Glissez une ficelle et rattachez-la à la barre. Refermez ensuite le rouleau avec un ruban adhésif.

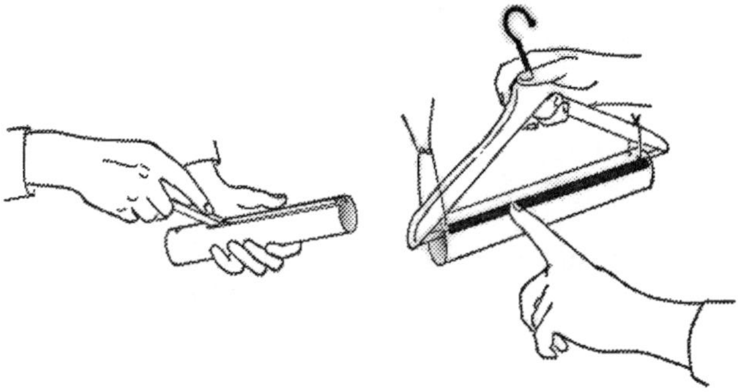

- Vos vêtements ne glisseront plus des cintres si vous collez, sur la barre ou la totalité de la surface, un morceau de bourrelet adhésif que l'on emploie pour calfeutrer les fenêtres ou les portes.

Cirage

- Ne jetez pas une boîte de cirage desséché. En effet, vous pouvez lui redonner de l'onctuosité en ajoutant un filet de jus de citron ou de lait chaud. Laissez agir toute la nuit avant d'utiliser votre cirage le lendemain.

Cire

- S'il ne vous reste qu'un fond de cire, diluez-la avec un peu d'essence de térébenthine pour l'appliquer sur vos meubles. Cela vous permettra de patienter jusqu'à l'achat d'une nouvelle encaustique.

Citrons

• Les citrons conserveront beaucoup plus longtemps leur fraîcheur si vous les placez dans un bocal rempli d'eau froide que vous changez tous les jours. Vous pouvez aussi les placer dans un récipient en prenant bien soin de les recouvrir de gros sel.
• Un citron entamé se conservera autant de temps que nécessaire si vous le saupoudrez de sel fin (côté pulpe) ou si vous l'imprégnez de 3 gouttes de vinaigre.
• Vous n'avez pas pris cette précaution et votre citron est desséché. Plongez-le 5 bonnes minutes dans de l'eau bouillante. Il redeviendra ferme et juteux.

Clé

✔ Voir *Rouille.*

Clou

• Afin de renforcer la solidité d'une fixation, plongez l'extrémité du clou dans du vinaigre pendant 5 minutes. L'oxydation provoquée par le vinaigre maintiendra parfaitement votre clou.
• Pour enfoncer un clou sans risquer d'écailler la peinture de votre mur, il suffit de coller à l'endroit voulu un morceau de ruban adhésif transparent et de planter votre clou.
Une fois le clou fixé, il ne vous reste plus qu'à retirer ce ruban protecteur.
• Un clou planté dans du bois dur risque de se plier en deux. Pour éviter cela, trempez le clou dans de l'huile végétale ou recouvrez-le de cire d'abeille.
• S'il vous faut replanter un clou dans un trou déjà existant, badigeonnez sa pointe avec un peu de plâtre en poudre délayé dans de l'eau. En séchant, le plâtre comblera l'espace vide.
✔ Voir aussi *Têtes de clou.*

Clous de tapissier

• Comment nettoyer les clous de tapissier en cuivre ou en métal doré sans risquer de tacher le tissu de votre fauteuil ? Collez une large bande de ruban adhésif qui couvrira une partie du tissu ainsi que les clous. Découpez leur pourtour très précisément au cutter de façon à les faire réapparaître.
Frottez les clous avec un chiffon imbibé de vinaigre chaud, puis essuyez avec un chiffon sec.

Coffre à jouets

• Afin d'éviter que le couvercle du coffre à jouets ne tombe sur les mains de vos enfants comme un couperet, découpez 2 lamelles de 2,5 centimètres d'épaisseur dans un bouchon de liège et collez-les sur les deux coins avant du coffre.
En se refermant, le couvercle laissera un espace suffisant pour ne pas prendre au piège les doigts imprudents.

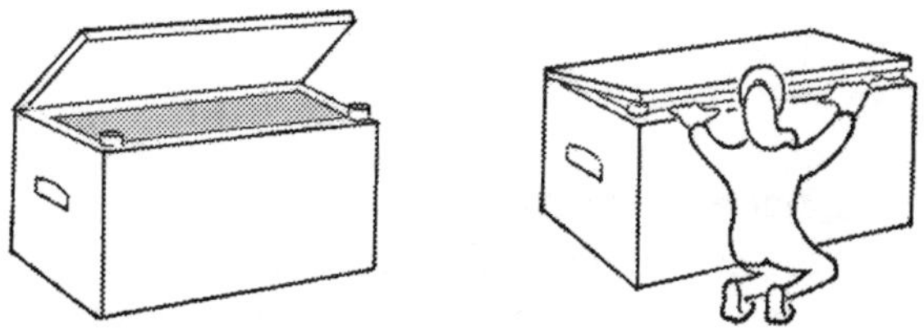

Collants

• La fragilité est un des principaux problèmes des collants. Avant de les porter une première fois, rincez-les à l'eau tiède, faites-les sécher à plat, et repassez-les avec un fer doux. Cela renforcera la maille.
• Votre collant se filera moins facilement si vous le portez à l'envers.
• Pour stopper une maille filée, recouvrez-la d'une pointe de vernis à ongles ou passez un peu de savon sec.
✔ Voir aussi *Bouche d'aération, Chaussures, Poils.*

Colle

• Si la colle vous fait défaut, pourquoi ne pas en fabriquer vous-même ? Il suffit de délayer 3 cuillerées à soupe de farine dans 2 cuillerées à soupe d'eau. Vous obtiendrez une pâte que vous étalerez au pinceau pour coller du tissu, du papier ou du carton. On l'appelle la « colle grand-mère », elle est surtout utilisée en encadrement, pour coller des gravures anciennes ou des documents fragiles.

• Si, à la suite de ces travaux, vous faites couler de la colle sur du tissu, suivez alors cette méthode pour l'éliminer : placez une feuille de papier buvard propre sous la partie tachée, tamponnez la tache avec du vinaigre blanc, puis rincez avec un coton imbibé d'eau.

✔ Voir aussi *Étiquette.*

Compote

• Elle sera encore plus savoureuse si vous n'incorporez le sucre qu'en fin de cuisson. Si vous la servez tiède, ajoutez une noix de beurre. Votre compote sera ainsi crémeuse et onctueuse à souhait.

Concentré de tomate

• Pour éviter que l'air ne dessèche le contenu d'une boîte entamée de concentré de tomate, versez un filet d'huile à la surface. Le concentré de tomate se conservera ainsi dans votre réfrigérateur pendant une semaine.

Concombres

• Ils ne sont pas toujours faciles à digérer. Vous n'aurez plus de problème après les repas si vous utilisez cette petite astuce : coupez l'une des extrémités du concombre sur 3 centimètres puis frottez cette partie sectionnée contre la peau du concombre. Faites de même avec l'autre extrémité. Une mousse blanche,

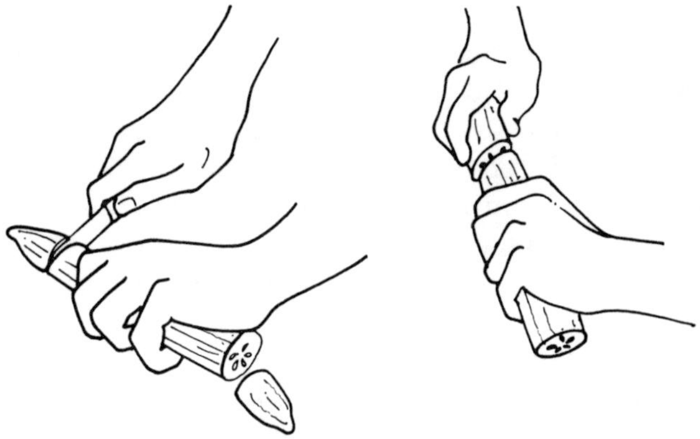

l'amertume, apparaît au bout de 15 à 20 secondes. Laissez alors reposer 2 minutes. Le concombre est prêt à être épluché et consommé pour le plus grand plaisir de tous.

• Si le concombre est amer, faites-le dégorger dans du sel avant de le laisser tremper dans du lait légèrement sucré. Vous le couperez ensuite en rondelles.

Confiture

• Elle ne débordera pas en cuisant si vous y ajoutez une noix de beurre. Cela évite, en effet, la formation d'une écume.

• Pour conserver des confitures sans utiliser de paraffine, employez le système suivant : remplissez les pots de confiture bouillante, fermez-les et retournez-les. Laissez-les refroidir à l'envers de façon à chasser l'air et, au bout d'une heure, redressez-les. La confiture stérilisée sera protégée contre les moisissures.

• Pour conserver le plus longtemps possible un pot entamé, saupoudrez la surface de la confiture avec un peu de sucre en poudre.

✔ Voir aussi *Cristallisation.*

Congélation

- Il faut savoir tout d'abord que la congélation de vos aliments bloque tout développement microbien et préserve la saveur des aliments : la totalité des vitamines est conservée, en particulier la vitamine C.
- Évitez de mettre du sel dans la cuisson des aliments destinés à être congelés, car cela prolongerait leur temps de congélation et diminuerait leur temps de stockage.
- On hésite souvent à congeler des œufs ; pourtant, c'est très simple. Ne les placez pas entiers dans votre congélateur, car le froid risquerait de briser la coquille. Ayez recours plutôt à la méthode suivante : mélangez les jaunes et les blancs à la fourchette et répartissez les œufs battus dans un bac à glaçons. Une fois gelés, défaites-les et glissez-les dans des sacs en plastique. Ce procédé de congélation peut s'appliquer également aux jaunes et aux blancs d'œuf séparés.
- Si vous congelez des fraises, recouvrez-les d'une fine couche de sucre et disposez-les toujours à plat, sans les superposer. Quand vous déciderez de les consommer, saupoudrez-les de sucre à nouveau et placez-les d'abord dans votre réfrigérateur une demi-journée pour qu'elles retrouvent leur aspect de fruits frais.

Conservation

- Pour conserver la farine, les haricots, les pâtes et le riz le plus longtemps possible, placez-les dans des bocaux hermétiquement fermés dans lesquels vous aurez déposé une gousse d'ail.

Constipation

Quelques règles simples permettent d'éviter les problèmes de transit.

- Tout d'abord, il convient de boire beaucoup d'eau (1 à 2 litres par jour). Au bout de 4 à 5 jours, le résultat doit se faire sentir, surtout si vous commencez à boire à jeun dès le matin.

• Si, malgré cela, vous êtes constipé, mélangez un jus de citron et une cuillerée à café de miel dans un verre d'eau tiède à boire chaque matin, et forcez-vous à manger régulièrement pruneaux et figues sèches qui ont tous deux un pouvoir laxatif.

• Il faut savoir enfin qu'une cuillerée à soupe d'huile d'olive diluée dans le jus d'un citron chaud constitue un réel traitement de choc... Mais c'est aussi une épreuve pour les papilles !

Coquillage

• Ne vous donnez pas la peine d'aller chercher dans les moindres recoins d'un coquillage le sable qui s'y est logé. Il suffit de recréer son environnement naturel pour qu'il rejette le sable. Alors, laissez-le baigner dans une eau fortement salée pendant 10 minutes. Il sera parfaitement nettoyé. Cette méthode n'est valable naturellement que si le coquillage est encore habité.

Corail

• Matière vivante, le corail doit être entretenu avec soin. Laissez-le tremper toute la nuit dans un mélange composé de 4 cuillerées à soupe d'huile d'olive et 1 cuillerée à soupe d'essence de térébenthine. Égouttez-le avant de le polir avec une peau de chamois.

• Le corail, comme les perles, doit être porté à même la peau, car, au contact du derme, il retrouve tout son éclat.

Corne

• Pour éviter la formation de la corne disgracieuse qui affecte généralement les talons, n'hésitez pas à les enduire régulièrement de vaseline.

• Si votre corne est tenace, frottez-la avec une pierre

ponce lorsque vous prenez votre bain, une fois que l'eau chaude a bien ramolli la partie dure.

Cornichons

• Éplucher les cornichons du jardin est une véritable corvée. Vous vous simplifierez la tâche en procédant ainsi : placez-les dans une bassine et recouvrez-les entièrement de gros sel. Frottez-les avec la main sur toute leur surface puis laissez-les reposer pendant 15 minutes avant de les rincer. Ils auront perdu leur fine peau.

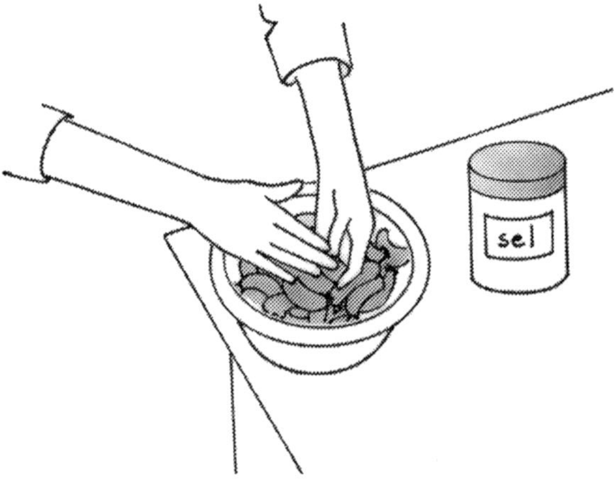

Cors

• La première des règles d'or est surtout de ne pas les gratter avec une pierre ponce ou un autre ustensile, car c'est justement le frottement, à l'intérieur des chaussures, qui est responsable de la formation des cors. Faites plutôt cuire au four une gousse d'ail et recueillez-en la chair que vous appliquerez en compresse sur la partie atteinte. Renouvelez le traitement jusqu'à disparition complète des cors.

• Si ceux-ci sont particulièrement coriaces, prenez également des bains de pieds dans une décoction de vigne rouge (2 poignées de feuilles pour 1 litre d'eau). Laissez bouillir pendant 15 minutes, puis refroidir avant de vous tremper les pieds pendant au moins 15 minutes.

Coton noir

- Pour redonner de l'éclat à un vêtement de coton noir, ajoutez un peu de bière à l'eau de rinçage.

Coudes

- Les coudes sont assurément une des parties les plus sèches et les plus rugueuses du corps. Frottez-les délicatement avec une pierre ponce afin d'en extraire les peaux mortes et appliquez pendant 5 minutes un coton imbibé d'huile d'olive tiédie.
- N'hésitez pas enfin, une fois ces opérations effectuées, à les masser avec une crème pour les mains ou avec une noix de vaseline.

Coups de soleil

- La sensation de brûlure due à un coup de soleil s'apaisera quand vous aurez passé délicatement sur la partie atteinte un coton imprégné de jus de concombre frais.
- Vous pouvez également préparer un cataplasme de pommes de terre crues réduites en bouillie, que vous appliquerez sur la brûlure jusqu'à ce que la douleur s'estompe.

Couperose

Nombreuses sont les peaux fragiles qui se couvrent de petits vaisseaux éclatés disgracieux. Si ceux-ci sont très importants ou très nombreux, une consultation chez un dermatologue s'impose. En revanche, si votre couperose est résiduelle ou seulement liée aux conditions climatiques (le froid par exemple), vous pouvez l'enrayer grâce à l'usage de plantes décongestionnantes, notamment les fleurs de tilleul ou le céleri.

- Pour la première, faites bouillir une demi-poignée de plantes dans 1 litre d'eau pendant 10 minutes. Filtrez et laissez refroidir avant de vous passer le liquide en massage sur les parties congestionnées.
- Quant au céleri, il faut le couper en morceaux et le faire bouillir dans de l'eau jusqu'à ce qu'il soit réduit en purée. Puis appliquez-le en masque pendant 10 minutes.
- Dans tous les cas, les traitements sont à renouveler 3 fois par semaine pour être efficaces.

Coupure

- Si vous vous êtes fait une légère coupure, stoppez le saignement en passant sur la plaie un bâtonnet de sel d'alun. On trouve ce dernier en pharmacie, et il est généralement réservé aux coupures de rasage.
- Si vous n'avez pas sous la main de sel d'alun ou de sparadrap, utilisez du papier à cigarettes en guise de pansement. Très absorbant, il évitera que le sang ne se répande. Il vous suffira de le passer sous l'eau tiède pour l'enlever, lorsque le sang sera sec.

Court-bouillon

- On plonge un poisson de mer dans un court-bouillon froid, un poisson de rivière dans un court-bouillon bouillant.
- Préparez votre court-bouillon en faisant bouillir une heure l'eau et les différents ingrédients choisis.

Coussin

- Lorsque vous réalisez des enveloppes de coussin, surtout évitez de couper les angles droits. Faites-les plutôt incurvés : cela évitera que vos angles, une fois cousus, soient trop proéminents.

• N'oubliez pas de découper le tissu dans des dimensions légèrement inférieures à celles de la mousse qu'il contiendra. Cela permettra à votre coussin d'être bien rembourré et moelleux.

Couteau

✔ Voir *Aiguisage, Rouille.*

Craie tailleur

• La craie tailleur s'efface trop vite sur les vêtements. Vous pouvez la remplacer par des morceaux de savon plats. Le tracé de cette « craie » tiendra beaucoup mieux sur le tissu, et un simple coup de fer à vapeur l'effacera.

Crayon de maquillage

• Si vous aimez vous maquiller avec un crayon à la mine plutôt tendre (notamment pour le contour des lèvres), ou vous faire des taches de rousseur, passez la mine 5 secondes à la flamme d'un briquet.

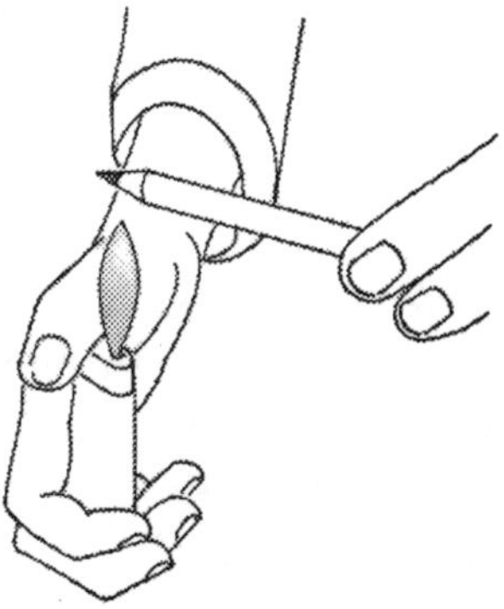

• Si, au contraire, vous préférez une pointe dure (contour des yeux et sourcils), placez le crayon au réfrigérateur et ne le sortez que 5 minutes avant de vous maquiller. Profitez-en également pour tailler votre mine : vous le ferez plus facilement si elle est dure.

Crème anglaise

- L'inconvénient de la crème anglaise est qu'elle tourne facilement : pour l'en empêcher, ajoutez une cuillerée à café de farine avant de battre les œufs. Cela permettra à la crème de mieux supporter l'ébullition.
- Le cas échéant, versez la crème tournée à l'intérieur d'une bouteille en verre, fermez-la et secouez énergiquement pendant 5 minutes. Elle se dégustera à nouveau avec grand plaisir.
- Un passage au congélateur vous permettra, dans la plupart des cas, de récupérer une crème en train de tourner.

Crème fraîche

Il est plusieurs règles d'or à suivre pour éviter à la crème fraîche de tourner.

- Ne la mettez jamais en contact avec du jus de citron.
- Vous pouvez la porter à ébullition, mais faites en sorte de ne l'incorporer à vos plats qu'en fin de cuisson.

Crème renversée

- Naturelle ou parfumée, votre crème renversée sera plus ferme si vous ajoutez à la préparation des jaunes d'œuf supplémentaires. Comptez 2 jaunes en plus pour 4 personnes.

Crêpes

- Une pâte à crêpes sera allégée si vous lui ajoutez un verre de bière ou si vous y incorporez un blanc d'œuf battu en neige.
- Un peu de beurre fondu ajouté à la pâte à crêpes rendra celles-ci plus moelleuses.

• Lorsque vous ferez cuire vos crêpes, délaissez la louche au profit d'une bouteille en plastique dans laquelle vous aurez versé votre pâte. Elle sera bien plus pratique pour étaler la pâte régulièrement dans la poêle, et évitera les coulures et éclaboussures.
• Si vos crêpes doivent attendre avant d'être servies, ne les passez pas au four, où elles risquent de se dessécher. Laissez-les plutôt chauffer au bain-marie. Elles resteront moelleuses.

Crevettes

• Leur goût peut être altéré par un conditionnement en boîte et les produits tout prêts ne préservent pas toujours la saveur des aliments. Faites alors mariner vos crevettes dans un peu de porto ou, à défaut, dans du vinaigre. Elles retrouveront la saveur de grand large.

Cristal

• Il se manie et s'entretient avec précaution. Oubliez les poudres à récurer au profit d'une poignée de gros sel et de 3 cuillerées à soupe de vinaigre ajoutées à l'eau de votre vaisselle.
• Un vase ou une carafe ternis par la saleté redeviendront étincelants si vous introduisez à l'intérieur une poignée de sable ou 3 coquilles d'œuf brisées. Remplissez d'eau puis agitez énergiquement avant de rincer avec soin.
• S'il s'agit de bibelots, nettoyez-les avec un coton imprégné d'alcool à 90 degrés. Passez ensuite un chiffon sec. Ils retrouveront ainsi tout leur éclat.

Cristallisation

• Lorsque votre confiture est trop cuite, des cristaux de sucre se concentrent sur sa surface. Après avoir ouvert le pot, ajoutez alors un peu d'eau bouillante et remuez afin de faire fondre les cristaux.

Crochets à ventouse

• Ils ont la fâcheuse manie de se décoller du mur. Cela ne se reproduira plus si vous faites tremper vos ventouses dans de l'eau bouillante avant de les installer. Passez également sur l'endroit choisi un coton imbibé d'éther. Les embouts adhéreront beaucoup mieux.

Crocodile

• Votre maroquinerie en crocodile réclame toute votre attention. Vous entretiendrez régulièrement sacs et chaussures en passant un chiffon imprégné d'huile d'amandes douces. Essuyez ensuite avec une peau de chamois.

Cuir

• Le cuir clair s'entretient avec du coton imprégné de blanc d'œuf battu en neige que vous passez sur toute la surface avant d'essuyer avec un chiffon de laine.

• Pour le cuir de couleur, saupoudrez-le de talc et passez ensuite une pâte constituée de 2/3 d'essence de térébenthine et de 1/3 de cire d'abeille liquide. Une fois le cuir bien imprégné, laissez sécher et faites briller avec un chiffon sec.
✔ Voir aussi *Moisissure, Reliure.*

Cuir verni

• Pour nourrir du cuir verni, utilisez de l'huile rance.
• Il conservera tout son brillant si vous passez un coton imbibé de lait ou de jus de citron, ou si vous frottez énergiquement la surface avec une moitié d'oignon.

Cuivre

• Pour nettoyer des objets en cuivre, frottez-les avec un demi-citron fraîchement coupé ou avec un chiffon imbibé de vinaigre mélangé à une cuillerée à café de sel fin. Essuyez avec un chiffon sec. Appliquez ensuite votre cire d'abeille, vous limiterez ainsi la corvée d'astiquage.
• Si le cuivre est très sale, nettoyez-le avec cette solution : mettez dans un saladier 1/2 verre de vinaigre, le jus d'un citron, une poignée de farine, 500 grammes de gros sel et 2 blancs d'œuf. Malaxez le tout jusqu'à obtenir une pâte. Frottez la surface avec cette matière, puis essuyez avec un linge propre.
• Le cuivre oxydé se traite de la façon suivante : immergez votre objet dans 1 litre d'eau additionnée d'une poignée de cristaux de soude et d'une autre de gros sel. Portez le tout à ébullition.
Rincez ensuite abondamment et séchez.

D

Daim

- Pour nettoyer tous vos vêtements en daim, frottez-les délicatement avec un tampon de fine laine d'acier. Les taches disparaîtront et le daim reprendra son aspect initial, net et impeccable. Si les taches sont superficielles, gommez-les avec un peu de pain rassis.
- Les taches de graisse, en revanche, s'enlèveront avec un coton imbibé d'éther.
- Pour redonner tout son éclat au daim lustré, frottez très délicatement la partie abîmée avec un morceau de papier de verre à peine granulé ou exposez-la à la vapeur d'eau, en plaçant par exemple le vêtement au-dessus d'une casserole remplie d'eau en ébullition.

Dé à coudre

- Votre dé à coudre ne tombera plus de votre doigt si vous soufflez dedans juste avant de le mettre. La vapeur d'eau le maintiendra parfaitement le temps de votre ouvrage.

Décolleuse

- Pour faciliter le décollage du papier peint, vous pouvez louer une décolleuse à vapeur mais deux autocuiseurs feront tout aussi bien l'affaire. Faites bouillir de l'eau

dans votre Cocotte-Minute puis enlevez le bouchon de la soupape de sécurité. Placez un tuyau de caoutchouc sur l'orifice d'où s'échappe la vapeur – vous pouvez protéger votre main avec un gant – et reliez son autre extrémité à l'embout de la soupape de sécurité d'un second couvercle. Il ne vous reste plus qu'à plaquer ce dernier sur le papier peint que vous voulez enlever.

✔ Voir aussi *Papier peint*.

Défroissage

- Si lors d'un voyage, vos vêtements se sont froissés, suspendez-les pendant la nuit dans la salle de bains après avoir fait couler de l'eau chaude dans la baignoire : l'humidité aidant, vos vêtements reprendront un aspect très présentable.

Délustrage

- Pour délustrer un vêtement, brossez-le dans le sens de l'étoffe avec de l'eau froide additionnée de 4 gouttes d'alun.
- Dans le cas d'un tissu noir, ajoutez une dizaine de gouttes d'ammoniaque à 1 litre d'eau froide et procédez comme ci-dessus.
- Il vous est possible également de faire macérer 10 feuilles de lierre dans 1 litre d'eau. Passez une brosse imprégnée de cette décoction sur le tissu en frottant toujours

dans le même sens. Rincez ensuite abondamment. Votre étoffe sera ainsi entièrement rénovée.

Démangeaisons

• Les démangeaisons liées à une allergie ou à des piqûres d'insecte se calmeront si vous frottez la peau avec 1/4 de vinaigre dilué dans 3/4 d'eau jusqu'à ce que la sensation s'estompe.
• Si elles sont dues à une maladie de peau, eczéma par exemple, faites couler un bain et versez-y 5 à 10 cuillerées à soupe de bicarbonate de soude selon le volume d'eau. Mais attention : un tel traitement peut momentanément vous soulager, mais ne peut en aucun cas vous guérir. Si votre eczéma est sérieux, il faut consulter un spécialiste.

Démaquillage

• Il faut impérativement se démaquiller avant de se coucher, sinon la peau s'abîme rapidement, d'autant plus que c'est durant la nuit qu'elle doit se régénérer.
• Pour ce faire, inutile de dépenser une fortune en produits de beauté : de la margarine végétale (et non animale) fera amplement l'affaire. Utilisez-la comme démaquillant classique, en massant bien le visage pour éliminer toutes les traces. Essuyez ensuite avec un coton sec avant de vous rincer soigneusement à l'eau claire ou, mieux encore, de vous faire une brumisation d'eau minérale.
• Pour les yeux, imprégnez un coton d'huile pour bébé et passez-le délicatement sur les paupières et les cils. N'oubliez pas ensuite de vous rincer à l'eau.

Démarrage

• Une voiture qui démarre mal en hiver se mettra en route aussitôt si vous présentez à l'entrée du filtre à air un coton imbibé d'éther, pendant 4 à 5 minutes.
✔ Voir aussi *Bougies de voiture.*

Démoulage

• Vous démoulerez plus facilement un gâteau ou une tarte si, après avoir beurré le moule, vous le saupoudrez légèrement de farine. Une fois cuit, le gâteau se décollera entièrement et uniformément.

• Si vous n'avez pas pris cette précaution et que votre gâteau accroche, enveloppez le moule dans un linge mouillé d'eau froide et attendez 5 minutes. La différence de température facilitera le démoulage.

• Vous pouvez également plonger le fond du moule dans 2 centimètres d'eau froide. Votre gâteau ou votre tarte se détacheront sans aucune difficulté. Vérifiez toutefois que le fond du moule n'est pas amovible... sans quoi l'eau pourrait s'infiltrer !

Dentifrice

• Il faut savoir que vous pouvez vous-même fabriquer votre dentifrice. Plusieurs produits naturels sont en effet à votre disposition : la poudre de thym ou la poudre de feuilles de sauge que vous obtiendrez en pilant les feuilles séchées. Appliquez la poudre de votre choix sur la brosse et agissez comme avec un dentifrice « normal ».

• Par ailleurs, si vous n'avez rien d'autre sous la main, le savon de Marseille, malgré son goût amer, est très efficace. Frottez-en votre brosse à dents et lavez-vous les dents comme d'habitude.

Déodorants

• Si vous supportez difficilement les déodorants chimiques vendus dans le commerce, procurez-vous de la poudre de feuilles de sauge ou de prêle. Préparez-la en décoction (utilisez les mêmes proportions que pour faire un thé fort) et appliquez-la en compresses matin et soir sous les aisselles.

• Vous pouvez aussi passer un bâton d'alun ou appliquer quelques gouttes de jus de citron sous les bras : bien que son action soit limitée dans le temps, le jus de citron est un déodorant très efficace.

Désherbage

• Les mauvaises herbes ou les plantes à éliminer disparaîtront de votre voisinage si vous arrosez le sol avec de l'eau bouillante ou avec l'eau de cuisson de vos pommes de terre. Ces deux procédés radicaux sont à éviter près des plantes qui vous sont chères. Employez-les plus particulièrement dans vos allées de gravillons, de dallages, le long d'un mur ou en bordure d'un chemin.

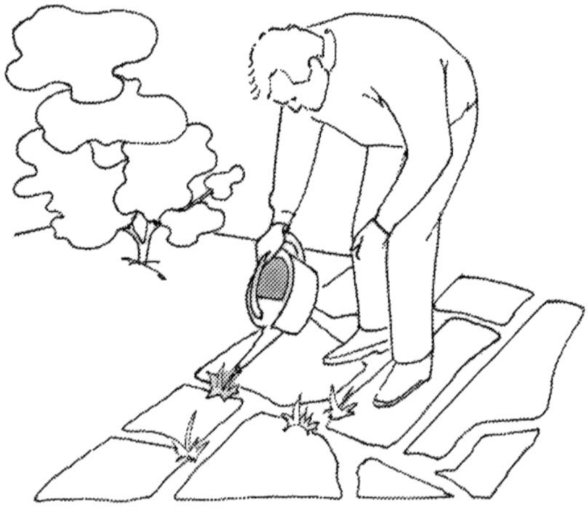

Détachants

Il existe quelques produits de première urgence à conserver dans ses armoires :

• de l'acétone en petite bouteille pour les taches de vernis à ongles sur les tissus ;

• de l'alcool à brûler pour les vitres, les glaces et les ampoules électriques ;

• de l'alcool à 90 degrés pour les taches de stylo, les pierres précieuses, le mercurochrome et la nicotine ;

- de l'eau de Javel pour les fonds de casseroles brûlés ;
- de l'ammoniaque ou alcali, pour nettoyer les vitres, les tapis, les brosses à cheveux, les taches de graisse sur les tissus...
- de l'éther pour les taches de rouge à lèvres ;
- de l'huile de table pour le cambouis ;
- de la mie de pain fraîche qui sert de gomme ;
- du sel fin qui décrasse les fers à repasser et efface les taches d'encre sur un tapis.

Diamant

- Pour nettoyer un diamant, employez une brosse souple imbibée d'eau savonneuse. Frottez délicatement et rincez à l'eau claire additionnée de bicarbonate de soude. Vous verrez son éclat augmenter de manière spectaculaire.
- Pour reconnaître un vrai diamant d'un faux, déposez-le dans un récipient rempli d'eau froide. S'il est vrai, il rayonnera de tous ses feux, ce qui n'est pas le cas des éclats de verre.

Disque

- Un disque vinyle gondolé reprendra sa forme initiale si vous le placez entre deux plaques de verre que vous exposerez en plein soleil pendant toute une journée. Laissez refroidir l'ensemble avant de retirer le disque, redevenu parfaitement plat.

Dissolvant

- Pour éviter qu'il ne s'évapore trop rapidement, prenez soin d'enrouler un ruban adhésif autour de son bouchon refermé. Cela empêchera l'air de passer et vous évitera bien du gaspillage.
- Le dissolvant étant un produit abrasif, pensez systématiquement à vous rincer abondamment les mains après l'avoir utilisé.

Douche

• Il n'est certes pas agréable de prendre une douche froide. Pourtant, c'est un traitement franchement recommandé pour tous ceux qui souffrent d'une mauvaise circulation sanguine… et en plus cela renforce le système immunitaire.

✔ Voir aussi *Calcaire, Rideau de douche.*

Drap-housse

• Un drap-housse avachi au fur et à mesure des lavages ne s'accroche plus au matelas avec la même élasticité, et a même tendance à se détacher. Pour y remédier, utilisez une vieille paire de bretelles en forme de X. Fixez les coins de votre drap avec les quatre pinces qui lui redonneront ainsi de l'élasticité. En outre, le réglage de vos bretelles vous permettra de les ajuster en fonction des différentes largeurs de vos housses.

E

Eau de Javel

Il faut savoir qu'il est important d'obéir à certains principes lorsqu'on l'utilise.

• Il est nettement préférable de la diluer dans de l'eau froide, car l'eau chaude accélère ses effets et risque de détériorer certains tissus fragiles.
• Augmenter le volume d'eau de Javel pour accroître son effet ne sert à rien. C'est la durée du bain qui compte !
• Rincez abondamment votre linge car l'eau de Javel, infatigable, poursuivrait son action, même sur du linge sec et repassé.

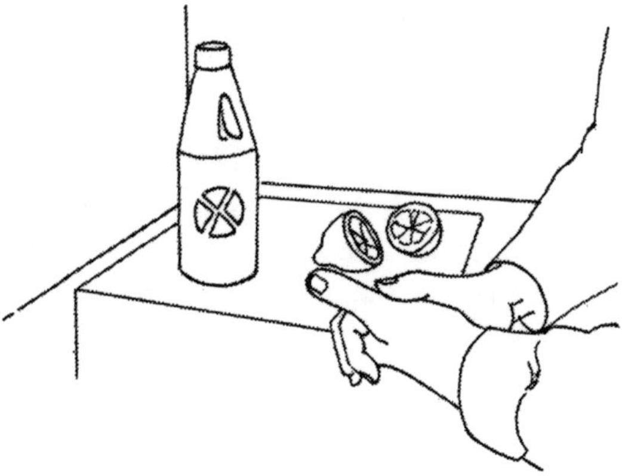

• Si elle rend d'excellents services, elle n'en laisse pas moins derrière elle un parfum peu délicat : l'odeur sur les mains s'enlèvera si vous les frictionnez avec du vinaigre ou avec du jus de citron pendant 5 minutes, avant de les laver normalement au savon. Mais n'oubliez pas, surtout, après un tel traitement, de les enduire généreusement de crème.
• L'odeur d'eau de Javel sur le tissu disparaîtra si vous ajoutez quelques gouttes d'ammoniaque à l'eau de rinçage.

Eau de rose

• Il n'y a rien de plus facile que de fabriquer de l'eau de rose, soin idéal pour la peau, car elle tonifie et resserre les tissus. Faites bouillir 6 poignées de pétales de rose dans 1 litre d'eau pendant 15 minutes. Laissez reposer 30 minutes, filtrez et conservez au frais.
• Deux applications quotidiennes, matin et soir, vous donneront un teint frais et rosé.

Eau de bleuet

• Pour retrouver un visage détendu et sans cernes après une courte nuit, appliquez deux compresses largement imbibées d'eau de bleuet sur vos yeux, laissez agir un bon quart d'heure.
• En cas de cernes récalcitrants, utilisez un peu d'anticernes.

Ébène

• Le bois d'ébène s'entretient en passant un chiffon imprégné d'huile de lin une fois par mois. Laissez agir pendant 3 heures et passez une peau de chamois.

Écharde

• Si elle n'est pas trop profondément enfoncée dans la peau, il suffit de chauffer une aiguille avec une allumette (pour désinfecter) et d'inciser la peau à l'endroit où se trouve l'écharde. Il faut ensuite retirer cette dernière avec une pince à épiler.

• Que les douillets se rassurent : un simple glaçon passé au préalable à l'endroit de l'« opération » suffira à l'anesthésier.

• Vous pouvez aussi, après avoir désinfecté à l'alcool à 90 degrés, faire un pansement légèrement imprégné d'huile de cuisine. L'écharde ainsi lubrifiée s'enlèvera sans peine.

Échelle

• Vous limiterez les risques de dérapage du haut d'une échelle si vous peignez ses barreaux, puis les saupoudrez immédiatement de sable. Laissez ensuite sécher : le sable, en adhérant à la peinture, constitue un antidérapant efficace.

• Néanmoins, cette astuce n'empêchera pas l'échelle de basculer. Pour éviter pareil inconvénient, placez sous ses pieds des morceaux de vieux pneus, afin que le caoutchouc fasse office de cale.

Éclats de verre

• Pour éviter de vous couper lorsque vous ramassez du verre, utilisez du coton hydrophile mouillé. Il retiendra tous les éclats.

Écuelle

• Pour éviter qu'elle ne se déplace en même temps que les coups de langue de votre chien ou de votre chat, fixez dessous, avec 1 goutte de colle, un joint de caoutchouc (du type robinetterie).

Le récipient restera bien cloué au sol car le joint fera office de ventouse.

Élastique

• Ne perdez plus de temps à essayer de glisser un élastique neuf dans un vêtement. Il suffit en effet de coudre l'élastique neuf à l'ancien et de tirer ce dernier par son autre extrémité.

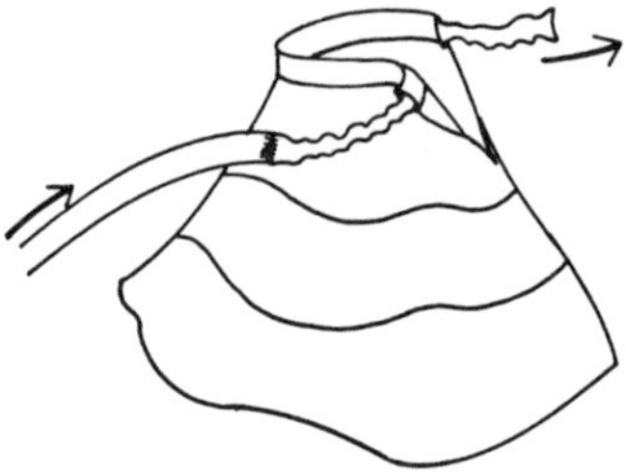

Émail

• Pour améliorer l'aspect d'un émail vieilli, nettoyez-le avec une crème récurante, puis frottez-le avec un mélange d'essence de térébenthine et de sel fin.

Encre

Personne n'échappe à la tache d'encre sur les mains, sur un vêtement, sur du papier. Mais on peut rattraper ses ravages si on s'y prend à temps.

• Une tache d'encre sur les doigts disparaîtra si vous la frottez avec du jus de tomate.

• Sur du tissu ou du cuir, trempez la partie tachée pendant 1 heure dans du lait tiède ou du jus de citron, et rincez abondamment.

• Si le tissu est fragile, humidifiez la tache et saupoudrez-la de poudre à récurer puis frottez jusqu'à ce qu'elle disparaisse.

• Sur du papier, tamponnez la tache avec un coton imbibé d'eau oxygénée en ayant pris soin de placer un buvard sous la feuille de papier. Passez ensuite un chiffon imprégné d'eau puis absorbez avec un morceau de coton.

• Sur du bois, frottez l'encre fraîche avec un chiffon trempé dans de l'eau chaude additionnée de jus de citron (1/2 litre d'eau pour 1 citron).
• Si la tache est ancienne, il suffit de la gratter avec du papier de verre, très peu granulé, et de polir ensuite avec un bouchon de liège en effectuant des cercles réguliers.

Encre rouge

• Quelle que soit la matière tachée par de l'encre rouge, badigeonnez-la de moutarde et laissez agir pendant 3 heures : la tache se dissoudra.

Endives

• Pensez à les débarrasser du petit cône dur qui est à leur base.
• Ne les lavez pas, essuyez-les.
• Pour les rendre moins amères, ajoutez à l'eau de leur cuisson 5 cuillerées à soupe de lait ou 3 croûtons de pain : ils absorberont l'amertume.
• Si vous les braisez, ajoutez un morceau de sucre dans votre poêle. Cela leur donnera une couleur dorée et éliminera leur amertume.

Engelures

• Ces enflures douloureuses et quelque peu disgracieuses apparaissent surtout chez les individus ayant une mauvaise circulation sanguine. S'il n'est pas toujours évident de les faire disparaître, on peut néanmoins prévenir leur apparition en s'enduisant les mains d'une crème très grasse (vaseline notamment) ou, le cas échéant, d'un peu de beurre.
• Évitez également, dans la mesure du possible, les changements de température : passer du chaud au froid sans protection (gants, chaussettes épaisses) aggrave le cas de ceux qui ont déjà un terrain propice.
• Si, malgré ces précautions, des engelures apparaissent, prenez des bains de céleri. Pour ce faire, râpez

1 kg de céleri en branches (et faites-le bouillir dans 1 litre d'eau pendant 15 minutes. Laissez refroidir et trempez la partie douloureuse dans le jus obtenu pendant au moins 10 bonnes minutes.

Engrais

• Plusieurs engrais naturels et peu connus sont appréciés de vos plantes d'appartement et les rendent magnifiques : la coquille d'œuf, par exemple. Laissez macérer une quinzaine de jours 4 coquilles d'œuf dans 1 litre d'eau. Puis retirez-les avant d'ajouter le liquide à l'eau d'arrosage. Vos plantes resplendiront dans les jours qui suivront ce traitement.
• Le marc de café, disposé au pied de vos plantes d'intérieur ou de jardin, est un excellent fortifiant. Renouvelez l'opération trois ou quatre fois dans le mois.
• Pour que vos rosiers embaument et s'épanouissent, vous disposez d'un engrais peu coûteux : de la suie de cheminée à bois. Remplissez-en un sac de toile et trempez-le dans l'eau. La suie va prendre une consistance liquide. Versez-la alors au pied de vos rosiers dès la belle saison.

Entonnoir

• Si vous n'en êtes pas équipé, vous pouvez sans problème improviser un entonnoir. Utilisez le support en plastique de votre filtre à café ou la partie supérieure d'une bouteille en plastique. Ce dernier système conviendra plus particulièrement au transvasement de produits nocifs.

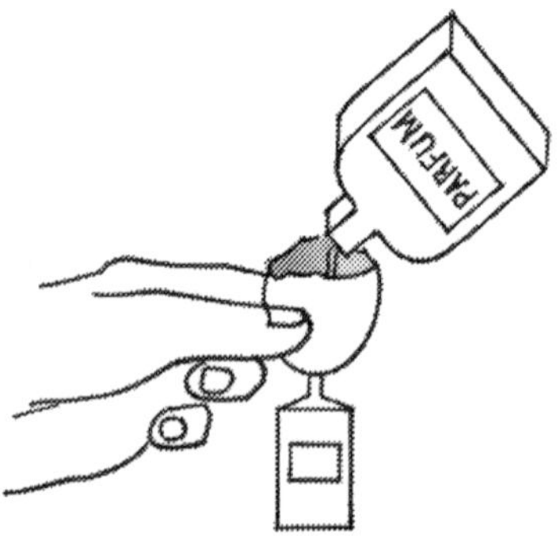

• S'il vous faut un entonnoir de petite

taille pour verser du parfum dans une toute petite bouteille, percez une moitié de coquille d'œuf. Elle fera très bien l'affaire.

Épilation à la cire

La nécessité, imposée par la mode, d'avoir toujours une peau lisse a fait de l'épilation un des gestes de beauté les plus répandus. Voici donc quelques conseils pour procéder au mieux.

- L'épilation à la cire est sans conteste la plus valable puisque le poil met plusieurs semaines à repousser. Et, même si elle est douloureuse, elle reste la méthode la plus intéressante d'autant que vous pouvez fabriquer vous-même la cire. À cet effet, faites chauffer à feu doux 1,5 litre d'eau et 20 morceaux de sucre. Une fois que vous avez obtenu un caramel blond et onctueux, ajoutez le jus d'un citron en malaxant et laissez refroidir. Il ne vous reste qu'à pétrir la pâte ainsi constituée et à procéder comme avec une cire normale : étalez à l'aide d'une spatule sur la partie à épiler et arrachez d'un coup sec.
- Pour apaiser la douleur, appliquez fortement la main tout de suite après avoir ôté la cire sur la peau épilée.

Éponge à maquillage

- Si vous voulez à tout prix appliquer le fond de teint avec légèreté, sans laisser de traces, pensez systématiquement à nettoyer votre éponge après usage : frottez-la avec un peu d'eau tiède savonneuse. Ce sera amplement suffisant à condition que vous l'entreteniez quotidiennement.
- Si elle a, malgré tout, pris une légère odeur de maquillage, faites-la tremper dans un bain constitué d'eau chaude et de jus de citron en quantités égales. Une nuit de trempage suffira en principe à lui redonner l'odeur du neuf. Si tel n'est pas le cas, renouvelez l'opération.

Éponge naturelle

• Elle conservera toute sa souplesse si elle trempe régulièrement dans un bain d'eau salée.

• Lorsqu'elle commence à prendre de l'âge, immergez-la dans l'eau de cuisson froide d'oseille pendant 30 minutes. Elle retrouvera une nouvelle jeunesse.

Éponge synthétique

• Si elle est imprégnée d'une mauvaise odeur, laissez-la tremper toute une nuit dans de l'eau chaude additionnée de jus de citron (4 citrons pour 1 litre d'eau).

Équipement de moto

• Les motards mal équipés en vêtements chauds pourront toujours lutter contre le froid en glissant entre leur blouson et leur pull-over du papier journal ou une housse de plastique. Ce sont de parfaits isolants.

Escalier

• Il faut être un peu futé pour peindre ou vernir un escalier quand on le grimpe quotidiennement. L'astuce est toute simple : il suffit de peindre une marche sur deux. Une fois les marches sèches, peignez les autres en ayant pris soin d'indiquer par un signe quelconque celles sur lesquelles on peut monter ou descendre !

Escalope de veau

• Votre escalope de veau cuira sans se racornir et sans se dessécher si vous pratiquez de fines entailles sur son pourtour avec un couteau.

Escargots

• Pour rendre vos escargots plus digestes, faites chauffer votre four au thermostat maximum pendant 15 minutes puis éteignez. Enfournez alors vos escargots qui cuiront ainsi avec la chaleur dégagée. Cela empêchera également que le beurre d'ail ne roussisse et ne prenne un goût trop fort.

• Si les escargots sont les bienvenus sur une table, ils le sont beaucoup moins dans le jardin. Pour éviter qu'ils ne dévorent fraises et salades, placez à proximité de vos plants des éponges imbibées de bière dans des soucoupes. L'odeur les fera fuir.

• Pour les capturer plus facilement, placez des demi-écorces de mandarines ou d'oranges dans votre jardin, ils y trouveront refuge sans s'attaquer à vos salades.

Essorage

• Pourquoi ne pas utiliser votre essoreuse à salade pour essorer votre lingerie ou votre pull lavé à la main ? Cela évitera de les déformer en les tordant et raccourcira, de surcroît, leur temps de séchage.

Étain

• Si votre étain n'est pas très sale, brossez-le à l'eau savonneuse. Cela suffira à son entretien.

• Pour détacher des objets encrassés depuis longtemps, il faut dans un premier temps les dépoussiérer. Mélangez ensuite un blanc d'œuf battu en neige à 2 cuillerées à soupe d'eau de Javel. Plongez une brosse souple dans cette solution et frottez. Laissez sécher et faites briller avec un chiffon imprégné de vaseline pure.

• Vous pouvez aussi nettoyer vos objets avec du papier journal imbibé de pétrole. Laissez agir 5 minutes avant de passer, sur toute la surface, un chiffon propre.

Étendage

• Pour faire sécher une grande quantité de linge dans un espace restreint, les systèmes traditionnels d'étendage ne sont pas appropriés. Installez donc parallèlement deux cordes à linge. Ainsi, lorsque vous avez une

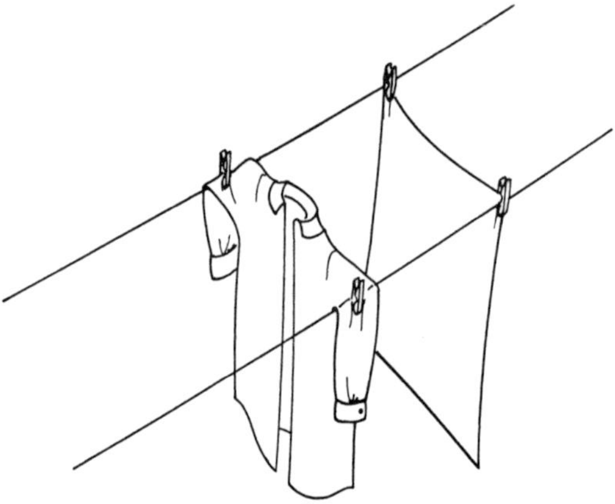

chemise à faire sécher, accrochez une manche à une corde et l'autre manche à la seconde corde. Vous gagnerez au moins 50 % de place avec ce système transversal.

• Pour éviter qu'une corde à linge ne succombe sous le poids de vêtements accrochés à des cintres, faites des nœuds à intervalles réguliers tout au long de la corde. Elle se maintiendra bien droite.

Éternuements

• Certaines personnes peuvent être indisposées par des éternuements successifs, notamment à la suite d'une intervention chirurgicale. Comment l'éviter? Tout simplement en pressant le cartilage des narines entre le pouce et l'index.

Étiquette

• Pour coller une étiquette sur du verre, trempez-la dans du lait et appliquez-la immédiatement sur la bouteille ou le bocal.

• Sur du métal, frottez la surface avec une moitié d'oignon et humectez l'étiquette dans un peu d'eau. Elle adhérera aussitôt.

- L'étiquette, dans l'un ou l'autre de ces cas, se décollera tout aussi facilement par immersion dans l'eau chaude.
- Pour gommer les traces d'une étiquette sur un bocal ou une bouteille, saupoudrez-les de farine et grattez-les au couteau.
- Vous les enlèverez définitivement en passant ensuite un coton imbibé d'alcool à brûler.

F

Farce

- Pour éviter que la farce de viande ne s'émiette au cours de la cuisson, ajoutez à la préparation un œuf battu et quelques gouttes d'huile. Cela l'empêchera également de durcir.

Fauteuils

- Vos fauteuils en tissu se saliront beaucoup moins vite si vous prenez le soin de les frotter au moins une fois par mois avec un linge imprégné d'eau vinaigrée.
- Le velours de votre fauteuil sera protégé si vous passez tous les quinze jours une peau de chamois légèrement humidifiée à l'eau froide.
- Un fauteuil en synthétique (Skaï par exemple) craint les traces de graisse qui durcissent son revêtement. Ne passez donc jamais de cire mais plutôt un linge imprégné d'eau mélangée à un filet de vinaigre et à 3 cuillerées de cristaux de soude (pour 1/2 litre d'eau).
- Si le cuir de votre fauteuil est éraflé, lavez-le à l'eau chaude savonneuse, avant de passer sur la partie abîmée un peu de colorant assorti à la teinte de votre cuir, à l'aide d'un Coton-tige. Laissez sécher. Les éraflures ne se verront plus.

✔ Voir aussi *Clous de tapissier*, *Cuir*.

Faux contact

- Il n'est pas utile de démonter un câblage électrique encastré pour repérer un faux contact. Promenez plutôt un poste radio à transistors allumé le long de la ligne électrique : l'audition est en effet perturbée à l'endroit du contact défectueux.

Faux plis

- Les plis d'un vêtement s'effaceront si vous appliquez sur le tissu un glaçon et que vous repassez ensuite à fer très chaud (thermostat maximum si le tissu le permet). Recommencez plusieurs fois l'opération jusqu'à ce que les plis disparaissent définitivement.

Fenouil

- Les feuilles de fenouil ne sont pas connues pour être digestes. Vous leur donnerez pourtant cette qualité en les plongeant dans de l'eau bouillante pendant 15 minutes avant de les assaisonner.

Fer à repasser

- Si la semelle de votre fer accroche, frottez-la alors qu'elle est encore chaude, avec soit un coton imprégné de vinaigre, soit un morceau de savon sec, soit un linge très fin contenant de la bougie râpée. Essuyez ensuite avec un chiffon doux.
- Une semelle jaunie retrouvera sa netteté à condition que vous la frottiez avec une moitié de citron, côté pulpe.
- Si votre fer à repasser laisse des traînées jaunâtres sur le linge, passez sur la semelle un tampon de coton imprégné de vinaigre d'alcool et saupoudré de sel fin. Essuyez ensuite avec un chiffon sec.

✔ Voir aussi *Repassage.*

Fer à vapeur

- Vous nettoierez les trous d'où s'échappe la vapeur

avec un Coton-tige imprégné d'eau minérale (non calcaire).

- Si votre fer s'est entartré, remplissez-le de vinaigre et laissez-le chauffer jusqu'à ce que le liquide s'évapore totalement. Vous pourrez alors l'utiliser de nouveau.

Fermeture à glissière

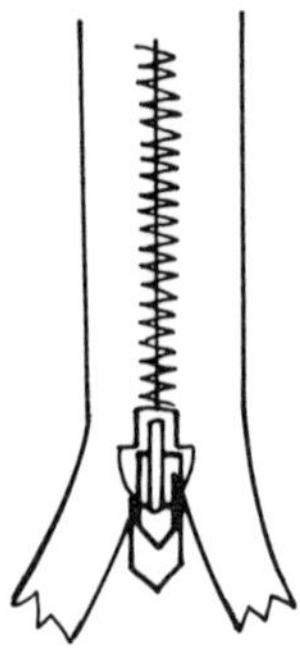

- Elle résistera plus longtemps aux maniements successifs si vous l'enduisez de vaseline après chaque lavage.
- Si malgré tout elle se coince, passez un peu de savon sec sur toute sa longueur. Elle fonctionnera de nouveau immédiatement.
- Enfin, en cas de curseur cassé, remplacez-le par un trombone. Vous pourrez alors de nouveau actionner la fermeture sans le moindre problème.

Ferrures

- Pour éviter que les ferrures de porte ou de meuble ne ternissent, passez dessus une couche très fine de vernis à ongles incolore.
- Si vous voulez les conserver impeccables, il vous faudra consacrer un peu de temps à leur astiquage. Frottez-les tout d'abord avec une laine d'acier imbibée d'essence de térébenthine puis polissez avec un chiffon de laine.
- Pour les faire briller, astiquez-les avec un chiffon imprégné d'un mélange de cendre froide de cigarette et de quelques gouttes d'huile de table.

Feuilles

- Pour permettre à vos plantes d'appartement de mieux réguler leurs échanges gazeux, dépoussiérez leurs feuilles, une fois par mois, avec une éponge humide ou un chiffon imbibé de bière. Cette dernière méthode leur donnera également plus de brillance.

Feuilles mortes

• Le ramassage des feuilles est un travail fastidieux ! Simplifiez-vous la vie en tendant sur les dents de votre râteau un morceau de grillage. Vous l'attacherez à chacune des dents avec des morceaux de ficelle ou de fil de fer.
L'espace entre les dents de votre râteau sera ainsi comblé, ce qui vous permettra de ramasser les feuilles mortes en plus grande quantité.

• Pour confectionner un herbier, repassez vos feuilles à fer doux et sous un papier de soie, ou faites-les sécher sous presse en les plaçant entre deux feuilles de buvard ou de papier journal sous un matelas ou quelques volumes d'encyclopédie.

✔ Voir aussi *Râteau.*

Fil

• Le fil de lin est plus solide que le fil de nylon, mais il glisse moins facilement. Faites-le courir entre vos doigts enduits de cire. Il gagnera ainsi en souplesse.

✔ Voir aussi *Aiguille.*

Fil électrique

• Si vous ne possédez pas de pince à dénuder, chauffez quelques secondes la gaine plastique avec la flamme d'un briquet : la gaine ramollira et cédera. Il suffira alors de la faire glisser autour du fil pour l'enlever.

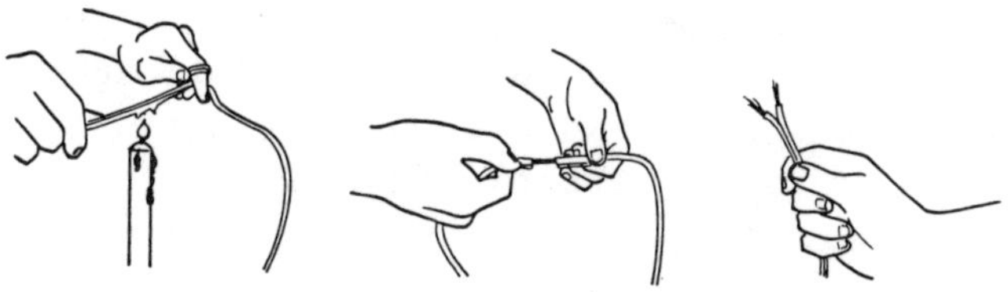

• Il est des surfaces, comme le béton, sur lesquelles aucune agrafe ne peut tenir. Découpez alors un ruban adhésif double face de la largeur et de la longueur de votre fil et appliquez-le sur le béton. Collez ensuite votre fil électrique qui sera ainsi maintenu sans que le ruban adhésif ne se voie.

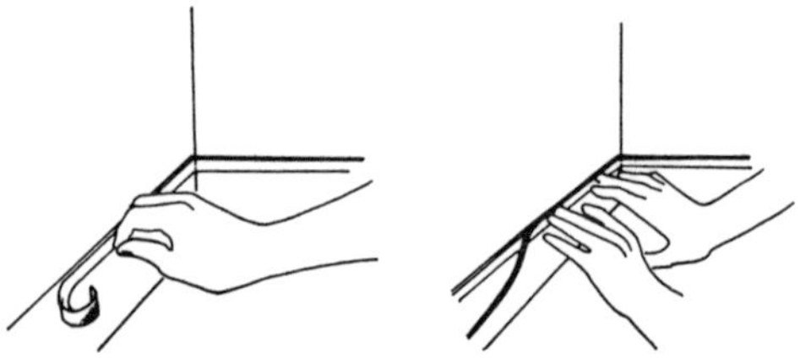

Flash

• Si vous ne possédez pas de flash pour des prises de vue intérieures, prenez une pellicule vierge du type 125 ISO et sélectionnez sur votre appareil la sensibilité de 400 ou 800 ISO. Signalez à votre photographe la sensibilité choisie afin qu'il développe toute la pellicule en fonction de ces critères. Évitez donc de prendre des photos sous une lumière différente, car elles pourraient être surexposées.

Fleurs

• La longévité de vos bouquets dépend, entre autres, du moment où les fleurs ont été cueillies : la cueillette doit toujours avoir lieu le matin, après la disparition des dernières gouttes de rosée. Lorsque des feuilles sont endommagées, mieux vaut les supprimer tout de suite.
• Pour que vos fleurs coupées ne souffrent pas au cours d'un long transport, faites des trous dans de grosses pommes de terre, et piquez-y l'extrémité des tiges des fleurs. Disposez-les ensuite à plat à l'arrière de la voiture dans un endroit protégé du soleil.
✔ Voir aussi *Bouquet, Fleurs séchées, Roses, Tulipes.*

Fleurs séchées

• Pour faire sécher des fleurs, enlevez tout d'abord leurs feuilles et leurs épines. Puis rassemblez les tiges et entourez-les de ficelle afin de suspendre vos fleurs la tête en bas, dans un endroit peu éclairé et peu aéré. Laissez-les ainsi pendant 15 jours, jusqu'à ce que les tiges soient bien rigides et les fleurs un peu refermées.

• Vous pouvez réaliser un bouquet d'une toute autre façon. Disposez vos fleurs fraîches dans un grand récipient. Recouvrez-les complètement et délicatement de sable blanc. Après 4 semaines, ressortez-les pour composer votre bouquet.

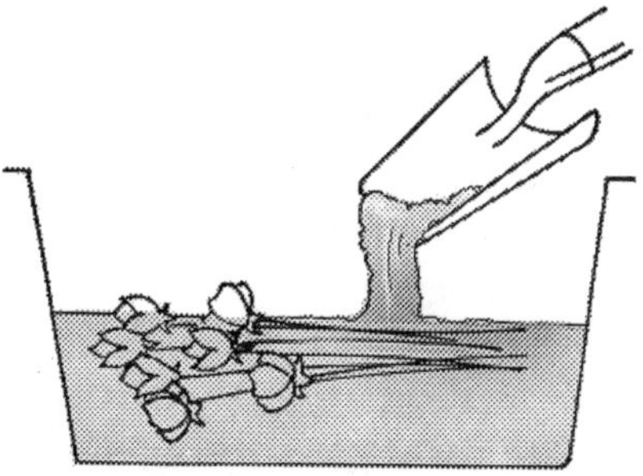

• Vous protégerez vos fleurs séchées de la poussière en les vaporisant une fois par mois avec de la laque à cheveux.

Fleurs synthétiques

• Les fleurs en Tergal ou en coton accrochent facilement la poussière et ont tendance à se froisser. Pour leur donner une nouvelle jeunesse, procédez ainsi : dépoussiérez vos fleurs avec un sèche-cheveux et placez-les au-dessus d'un récipient contenant de l'eau en ébullition. La vapeur remet en place et défroisse le tissu, redonnant ainsi à vos fleurs le maintien qui leur faisait défaut.

• Si vos fleurs artificielles ne sont pas lavables, placez-les dans un sac en plastique avec un peu de sel fin. Fermez le sac avec une ficelle et secouez énergiquement. L'effet « peeling » du sel désencrassera vos bouquets.

Foie

• Vous le conserverez dans votre réfrigérateur non pas dans du papier, qui risquerait de coller à la surface du foie, mais immergé dans de l'huile. Il gardera de cette façon toute sa souplesse.
• N'hésitez pas à le laisser tremper dans du lait 2 heures avant de le faire cuire. Il sera beaucoup plus moelleux.

Fond de teint

• Même si l'on trouve aujourd'hui d'excellents fonds de teint dits « traitants », sachez que ce produit agresse généralement les peaux sensibles et contribue à la déshydratation du visage, donc à la formation de rides. En revanche, vous pouvez composer votre propre fond de teint qui, tout en vous protégeant, servira votre beauté.
• Pour ce faire, étalez soigneusement sur le visage une crème hydratante assez grasse ou, le cas échéant, une noix de vaseline. Après avoir bien fait pénétrer, poudrez-vous généreusement soit avec de la poudre libre si vous aimez les teints clairs, soit avec de la terre de soleil si vous préférez les peaux hâlées.
• Faites-vous ensuite une brumisation d'eau minérale et, avant que l'eau ne sèche, massez avec une petite éponge à maquillage afin que la crème, la poudre et l'eau se mélangent totalement et que vous obteniez une teinte uniforme.
• Si malgré tout vous restez attachée au fond de teint traditionnel, passez un glaçon sur votre visage après avoir étalé votre fond de teint : ce glaçage évitera que la couleur ne vire au cours de la journée.
• Enfin, le fond de teint peut servir d'anticerne et de « cache-bouton ».

Fondue bourguignonne

• Vous éviterez les projections en mettant une branche

de persil dans l'huile bouillante. Vous dégusterez ainsi votre fondue bourguignonne en toute sécurité !

Fonte

• Si les marmites en fonte de nos grands-mères font le bonheur des cuisinières, tel n'est pas le cas des marmites neuves qui donnent un goût aux aliments. Vous le supprimerez en y faisant bouillir 1 litre de lait avec 6 pommes de terre pendant 20 minutes.

Four

• Certains fours dessèchent les viandes et les volailles. Pour pallier cet inconvénient, placez à l'intérieur un récipient rempli d'eau pendant la cuisson de vos plats.
• Faites de même s'il vous arrive de cuire des grillades au four. Cela évitera que votre cuisine ne soit enfumée. En effet, l'eau se chargera d'absorber les graisses et les fumées.
• Lorsqu'un plat déborde dans votre four, saupoudrez vite de sel fin les matières qui ont débordé. Lorsque les parois auront refroidi, grattez les résidus brûlés avec une brosse et passez ensuite une éponge humide.

Four à micro-ondes

• Pour éviter que certains aliments ne se dessèchent lorsque vous les faites cuire ou réchauffer au four à micro-ondes, pulvérisez de l'eau froide sur le plat avant de l'enfourner. Utilisez pour cela un humidificateur à plantes vertes.

Fourmis

• Vous les ferez fuir de votre jardin en entassant des feuilles de noyer près de leur passage et de la fourmilière. L'odeur dégagée les éloignera irrémédiablement.
• Vous pouvez encore verser du sel fin sur leur parcours. Les effets seront les mêmes.

• À l'intérieur de la maison, placez sur leur passage une poignée de lavande macérée dans 1/2 litre de vinaigre blanc. Elles changeront immédiatement de direction et disparaîtront définitivement de votre vue.

Fourrure

• La fourrure nécessite quelques soins très particuliers. Si elle est claire, vous l'entretiendrez en la saupoudrant de talc et en frottant les poils avec les doigts. Secouez pour éliminer les résidus.
• Si elle est de couleur plus foncée, parsemez-la de sciure de bois chauffée au four (thermostat 3). Laissez refroidir sans y toucher puis secouez le vêtement.
• Votre fourrure passera la belle saison rangée dans un placard sans aucune altération si vous prenez le soin de la saupoudrer de poivre moulu avant de l'envelopper bien soigneusement dans du papier journal.
• Pour les fourrures les plus fragiles, pensez aux chambres froides des fourreurs si votre réfrigérateur s'avère trop petit pour les y entreposer...

Fraises

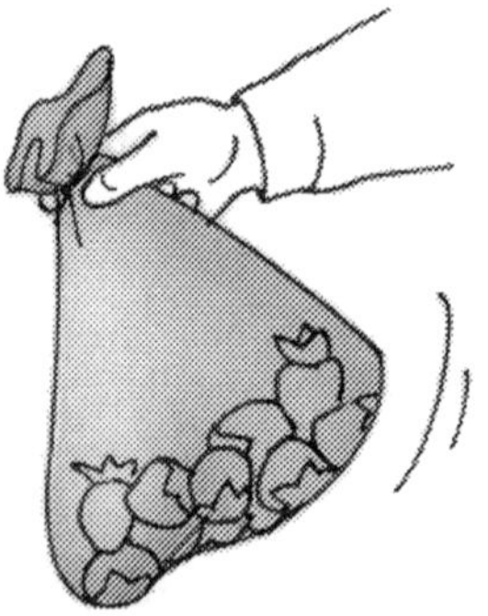

• Ne les lavez pas à l'eau froide pour éliminer sable et terre. Enfermez-les plutôt dans une mousseline humide et secouez. Les saletés resteront accrochées à la mousseline sans que vos fraises ne perdent leur saveur.
• Si vous n'avez pas de mousseline à portée de la main, évitez dans tous les cas d'équeuter vos fraises. Passez-les telles quelles très rapidement sous un jet d'eau froide. Ainsi elles ne s'imbiberont pas d'eau.

• Vous les conserverez plus longtemps au réfrigérateur si vous les placez dans une passoire : elles seront toujours en contact avec l'air qui leur est nécessaire.
✔ Voir aussi *Congélation.*

Frites

• Elles ne se colleront pas les unes aux autres lors de la cuisson si vous les lavez auparavant à l'eau chaude et non à l'eau froide. L'excédent de fécule sera ainsi éliminé.
• Elles attendront, sans noircir, d'être jetées dans la friture si vous les laissez tremper dans de l'eau froide ou si vous les enveloppez dans un torchon humide.

Friteuse

Ceux qui ne possèdent pas de thermostat sur leur friteuse pourront mesurer la température de l'huile en employant les moyens suivants.
• Jetez dans votre friture un grain de maïs cru. Il éclatera si l'huile est suffisamment chaude.
• À défaut de maïs, utilisez de la mie de pain qui remontera à la surface si l'huile est à la bonne température.

Friture

• Si votre friture déborde, jetez-y aussitôt un oignon non épluché.
• Pour conserver le plus longtemps possible une friture, faites-la chauffer en y ajoutant un blanc d'œuf. En cuisant, l'œuf absorbera toutes les matières indésirables.
• Si vous ne voulez pas que votre friture s'imprègne de l'odeur du poisson que vous venez de cuire, attendez qu'elle refroidisse pour lui ajouter le jus d'un citron.

• Pour empêcher que l'appartement ne s'imprègne de l'odeur de friture, plongez dans l'huile chaude une branche de persil.

Fromage

• Même enfermé sous une cloche ou dans une boîte hermétique, il a tendance à transpirer. Placez près de lui 2 morceaux de sucre qui absorberont l'humidité. Vous supprimerez ainsi les gouttes qui perlent à la surface de votre fromage.

✔ Voir aussi *Gruyère.*

Fruits

• Pour conserver les fruits intacts plus longtemps, cachez dans votre corbeille 2 bouchons de liège qui absorberont l'humidité.

• Enfermez vos fruits trop verts dans un sac en plastique transparent avec une pomme très mûre : le gaz d'éthylène qu'elle diffuse les fera mûrir. N'oubliez pas de percer votre sac de petits trous qui faciliteront la circulation de l'air.

✔ Voir aussi *Ananas, Bananes, Fraises, Poires, Pommes.*

Fruits rouges

• Une tache sur du tissu blanc disparaîtra si vous laissez tremper le linge une dizaine d'heures dans du lait caillé ou 30 minutes dans de l'eau de Javel diluée dans cinq fois son volume d'eau.

• Sur du tissu de couleur, humectez la tache avec un tampon d'eau additionnée d'ammoniaque (1 cuillerée d'ammoniaque pour 5 cuillerées d'eau) et frottez délicatement. Un peu d'alcool à 90 degrés, répandu sur la tache, donne aussi de bons résultats.

• Sur de la soie, protégez la partie tachée avec un linge, avant de la tamponner avec du vinaigre blanc.

• Sur les mains, il suffit tout simplement de verser un peu de vinaigre blanc pour effacer toute trace de fruit.

Fuchsias

- Les fuchsias, qui craignent particulièrement les intempéries hivernales, n'ont pas besoin d'être rentrés en automne. Ils seront protégés du froid et de la neige si vous les coupez à ras du sol et si vous les recouvrez ensuite d'une épaisse couche de feuilles mortes. Au printemps, découvrez-les pour les voir fleurir.

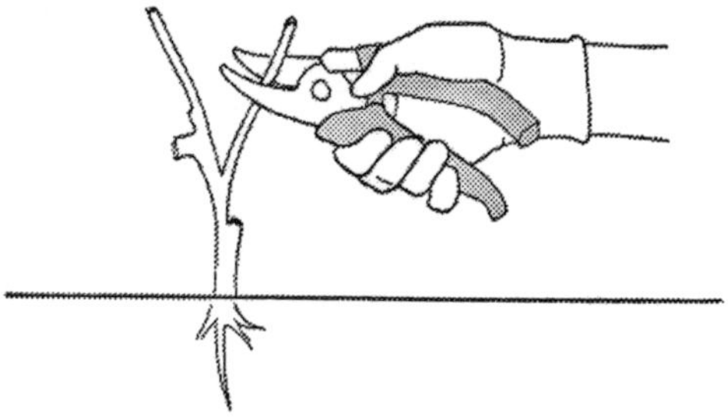

- Il faut savoir qu'il est possible de réaliser une haie de fuchsias le plus facilement du monde. creusez une tranchée de 20 centimètres de profondeur au fond de laquelle vous disposerez une couche de sable. Étalez à plat des branches de fuchsia que vous aurez effeuillées et couvrez-les de terre. C'est au printemps que vos plantes apparaîtront.

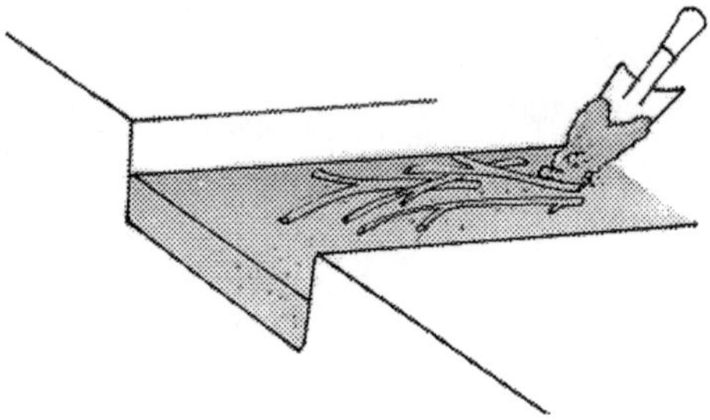

Fuite

● Il est très agaçant d'entendre l'eau couler goutte à goutte dans votre baignoire ou votre évier. Pour retrouver les bienfaits du silence, en attendant la venue d'un plombier, nouez autour de l'extrémité de votre robinet un fil de laine à tricoter – ou, à défaut, un morceau de ficelle – suffisamment long pour atteindre l'orifice d'évacuation. Le fil conduira sans bruit les gouttes d'eau.

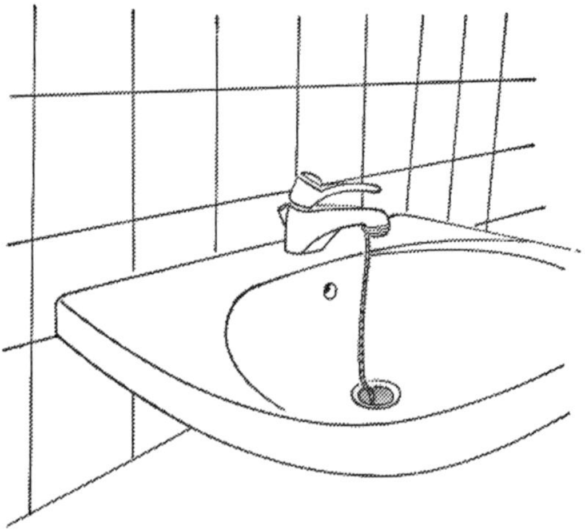

Fumée

● Pour évacuer la fumée d'une pièce, placez une éponge imprégnée d'eau dans une soucoupe.

● Des bougies allumées rendront également l'air respirable et seront d'autant plus appréciées qu'elles donnent un air de fête à vos soirées.

✔ Voir aussi *Bougies.*

G

Galon

• Avant de coudre un galon, n'hésitez pas à le laver et à le repasser pour lui donner plus d'élasticité. Sinon, il risquerait de froncer le rideau ou le couvre-lit qu'il est censé orner.

• S'il n'est pas lavable, frottez-le avec un coton imprégné d'un mélange d'alcool à 90 degrés et d'ammoniaque en quantités égales.

Gants

• Pour éviter les nuisances de la transpiration sur vos gants, saupoudrez leur intérieur de talc et secouez bien de façon à ce qu'il se répartisse régulièrement.

• Ne rangez pas votre talc avant d'en verser aussi sur la surface extérieure de vos gants blancs. Cela évitera qu'ils ne jaunissent. Pensez aussi à les mettre à l'abri de la lumière, autre facteur de détérioration.

✔ Voir aussi *Cuir, Gants de peau.*

Gants de caoutchouc

• L'eau ne s'infiltrera plus à l'intérieur de vos gants de caoutchouc si vous prenez la précaution de les fermer au poignet avec un élastique. Vos mains seront de cette façon préservées de l'humidité.

Gants de peau

- Le nettoyage des gants de peau s'effectue comme pour la fourrure avec de la sciure de bois chauffée au four (thermostat 3). N'attendez pas qu'elle refroidisse pour frotter vos gants, saupoudrés de sciure, l'un contre l'autre jusqu'à ce que les taches disparaissent.
- Vous pouvez également les saupoudrer de blanc d'Espagne et les laisser toute une nuit recouverts avant de les brosser.
- Ils ne déteindront plus si vous passez sur l'envers un coton imprégné d'alcool à 90 degrés. Laissez-les sécher avant de les remettre à l'endroit.

Garage

- Votre garage est très encombré et il ne vous reste que peu de place pour bien garer votre voiture.

Pour manœuvrer le plus précisément possible, sans abîmer votre pare-chocs, utilisez le truc suivant : fixez un bouchon de liège au bout d'un fil de nylon. Suspendez ce dernier au plafond du garage de telle façon que le bouchon corresponde à un point donné de votre pare-brise. Ce système vous permettra de repérer l'endroit précis où vous devez vous arrêter.

Gardénia

- C'est l'arrosage qui constitue la principale source d'échec de la culture du gardénia. Il doit être effectué impérativement avec de l'eau non calcaire vaporisée sur les feuilles et non sur les fleurs.
- L'été, arrosez-le abondamment trois fois par semaine.
- L'hiver, un seul apport hebdomadaire suffit.

Ainsi, vous pourrez garder longtemps votre gardénia.

Gâteau

- À défaut de levure pour faire gonfler votre gâteau, passez sur toute la surface de la pâte une lame de couteau trempée au préalable dans de l'eau froide.
- Pour vous assurer qu'un gâteau est cuit à point, enfoncez-y la lame d'un couteau : elle ressortira parfaitement sèche s'il est prêt à être dégusté.

✔ Voir aussi *Démoulage, Glaçage.*

Gel

- Pour protéger vos canalisations contre le gel, versez, une seule fois au début de l'hiver, dans la cuvette de vos toilettes ou dans votre évier, un litre d'eau additionnée de 5 cuillerées à soupe de gros sel. L'hiver surviendra sans mauvaise surprise.
- Ce procédé a pour autre avantage de désinfecter toutes vos canalisations.

Gelées

- Les gelées faites maison ont tendance à être trop liquides. Utilisez cette petite astuce pour les rendre plus fermes : ajoutez 2 fruits verts à 1 kg de fruits mûrs et servez-vous de petits pots, qui facilitent la prise.

Germination

- Les pommes de terre ne germeront pas si vous prenez la précaution de les recouvrir de charbon de bois pilé.

• Quant aux oignons, enveloppez-les individuellement avec du papier d'aluminium ménager après les avoir ébouillantés. Ils resteront fermes plus longtemps et seront préservés d'éventuels germes.

Gigot

• Pour relever le goût d'un gigot, versez sur la viande, avant de l'enfourner, 2 cuillerées à soupe de vinaigre diluées dans 3 cuillerées à soupe d'eau.

Givre

• Vous ferez disparaître le givre de votre pare-brise ou de toute surface vitrée en le frottant avec un chiffon légèrement humidifié d'eau chaude mélangée à du sel fin (une poignée pour 1/4 de litre).
• Le tabac est également préconisé : vous le disposerez sur le givre, avant de frotter avec un chiffon sec.

Glaçage

• Réussir le glaçage d'un gâteau ne dépend que de cette petite astuce : remplacez l'eau que vous ajoutez au sucre glace par du lait. Votre glaçage sera ainsi plus épais.

Glaces

• Il arrive souvent que des cristaux se forment à la surface des glaces lorsqu'elles sont faites sans sorbetière. Pour l'éviter, ajoutez à la préparation un filet de citron ou une noix de beurre. Vos glaces se dégusteront sans crisser sous la dent !

Glacière

• Elle peut aussi, de manière originale et utile, conserver vos plats bien au chaud. Il suffit de porter à ébullition ce que vous venez de faire cuire, pot-au-feu ou rôti.

Placez votre récipient (autocuiseur ou plat hermétique) à l'intérieur de la glacière, bien isolé des parois par du papier journal froissé en boule très serrée. Votre repas restera chaud pendant au moins six heures, le temps d'une promenade ou d'un long trajet.

Glaçons

• Ils ne se colleront plus les uns aux autres lorsque vous en proposerez à vos convives si vous les arrosez d'eau gazeuse et non d'eau plate.

• Pour activer le refroidissement d'une bouteille placée dans un seau à glace, ajoutez une poignée de sel à vos glaçons.

• Pensez à congeler des grains de raisins, des groseilles à maquereaux, des cerises, ils seront du meilleur effet pour égayer vos apéritifs.

• Vous décorerez vos glaçons également avec un brin de menthe, un raisin sec, un zeste de citron, en fonction de la boisson à rafraîchir.

Gommage

• Si vous souhaitez éviter d'acheter des produits tout prêts, et souvent assez chers, mélangez 3 cuillerées à soupe de sel de mer fin et 1 cuillerée à soupe d'huile

d'olive. Une fois que vous avez obtenu une pâte bien liée, appliquez-la en massage sur le visage. Insistez bien sur les ailes du nez, le front, le menton. Puis rincez après 5 minutes de ce traitement. Sous l'action conjuguée du sel (dont les grains servent à éliminer peaux mortes et impuretés) et de l'huile d'olive (qui adoucit la peau), votre teint sera lumineux et éclatant. Pour parfaire le résultat, pensez ensuite à hydrater votre peau avec une crème grasse.
✔ Voir aussi *Bronzage*.

Gomme

● Vous la nettoierez sans difficulté en la frottant sur une surface rugueuse, un morceau de bois par exemple. Si votre gomme est très encrassée, plongez-la dans de l'eau savonneuse pendant 10 minutes. La saleté n'y résistera pas.

Goudron

● Pour faire disparaître du goudron sur la peau, appliquez une noix de beurre sur la tache et frottez avec un morceau de coton. Lavez ensuite à l'eau chaude.
● Le goudron sur du tissu s'éliminera avec du dissolvant à ongles. Si la tache est importante, retirez tout d'abord le maximum de goudron en grattant avec un morceau de carton. Enduisez la tache de graisse et laissez pénétrer. Lavez ensuite le tissu à l'eau savonneuse et saupoudrez la tache de talc. Faites sécher puis brossez.

Gouttière

● Comment effectuer une réparation de dépannage sur une gouttière percée ? Après décapage à la brosse métallique, passez à l'endroit de la fuite une épaisse couche de peinture à l'huile. Appliquez la peinture en dépassant largement les contours de la fissure. Posez ensuite sur toute la largeur de la gouttière un morceau de tissu pas trop épais en ayant pris soin de l'enduire également de la même peinture. Laissez sécher et constatez : la fuite a disparu.

Graines

• Lorsque les graines sont trop petites, il arrive que l'on en sème beaucoup plus à certains endroits qu'à d'autres. Pour éviter ce problème, mélangez vos graines à du sable sec. Vous sèmerez de cette manière beaucoup plus régulièrement.

Graisse

• Les projections de graisse sur vos murs de cuisine s'élimineront très facilement avec de l'alcool à brûler.
• Une tache de graisse sur du coton ou de la soie disparaîtra si vous la saupoudrez de talc. Repassez ensuite en ayant pris soin d'intercaler du papier de soie entre le tissu et le fer.
• Sur le velours, l'opération est plus délicate et moins pratique, car il vous faut du sable. Faites-le chauffer au four pendant 15 minutes (thermostat 3) puis étalez-le sur la tache. Au bout de 5 minutes, frottez le tissu avec une brosse souple.
• Sur du cuir, agissez également avec précaution. Mélangez une craie blanche pilée à 2 cuillerées à café d'alcool à brûler. Appliquez cette pâte sur la tache et laissez sécher avant de brosser délicatement.
• Une tache de gras sur du papier s'enlèvera, en revanche, avec un tampon de coton imbibé d'éther. Placez ensuite votre feuille de papier entre deux buvards. La tache disparaîtra rapidement.

Gratin

• Si vous êtes la reine des plats brûlés, n'hésitez pas à faire un gratin. Car c'est l'un des rares plats que vous pourrez rattraper. Retirez la couche supérieure carbonisée avec un couteau, recouvrez de crème fraîche puis de fromage râpé et remettez le plat au four en prenant bien soin, cette fois, d'en surveiller la cuisson !

Gravures

- La lumière et l'humidité s'attaquent aux gravures. Si celles-ci sont jaunies ou piquées, frottez leur surface avec un tampon imprégné d'eau javellisée (1 volume d'eau de Javel pour 5 volumes d'eau). Passez ensuite un coton imbibé d'eau froide et faites sécher vos gravures à plat entre deux buvards.
- Si ce traitement ne suffit pas, renouvelez l'opération en ajoutant à la solution précédente 1 volume d'eau oxygénée.

Grumeaux

- Pour éviter la formation de grumeaux lorsque vous préparez des sauces à base de farine, utilisez de préférence une fourchette au bout de laquelle vous aurez piqué une pomme de terre crue épluchée plutôt que la traditionnelle cuillère en bois.

Gruyère

- Si votre gruyère s'est desséché, faites-le tremper pendant 3 heures dans du lait frais. Il retrouvera toute sa saveur et son moelleux.
- Vous pouvez également l'envelopper, pendant 2 heures, dans un chiffon imprégné de vin blanc.

Guêpes

- Pour déjeuner dans le jardin sans être importuné par les guêpes, il suffit tout simplement de couper aux deux tiers une bouteille d'eau en plastique. Versez au fond un peu de confiture ou un mélange de bière et

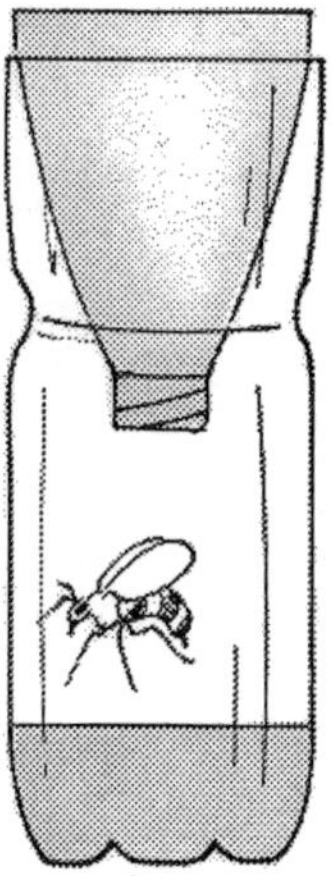

de miel, et placez le goulot renversé dans la bouteille.
Les insectes vont s'y introduire sans pouvoir remonter et vous laisser enfin en paix.

- Évitez également les couleurs vives, car les guêpes voient rouge lorsque vous portez des vêtements voyants.

✔ Voir aussi *Piqûre.*

H

Harengs

• Vous les dessalerez, comme les anchois, en les faisant tremper dans du lait cru pendant 6 heures.

• Les harengs pommes à l'huile sont difficiles à conserver au réfrigérateur car l'huile a tendance à se figer. Remplacez-la par de l'huile de pépins de raisin, qui restera fluide quelle que soit la température.

Haricots secs

• Vous les rendrez plus digestes si vous suivez ce conseil : faites-les bouillir pendant 10 minutes puis jetez leur eau de cuisson. Versez ensuite vos haricots dans une autre casserole remplie d'eau bouillante additionnée de 2 cuillerées à café d'huile. Laissez-les cuire pendant 15 minutes et consommez-les tels quels. Vous n'aurez plus de problème après les repas.

• Ajoutez une carotte à l'eau de leur cuisson.

• Ne les remuez pas pendant la cuisson.

• Utilisez l'eau de cuisson pour nettoyer des cotonnades abîmées.

Haricots verts

• Pour conserver la belle couleur verte des haricots, ajoutez un peu de bicarbonate de soude à l'eau de cuisson salée et ne couvrez pas la casserole.

• Rendez-les moelleux en les lavant à l'eau chaude.

Herbes aromatiques

• Les herbes aromatiques flottant à la surface de vos plats ne sont pas toujours très esthétiques ni faciles à avaler. Enfermez-les plutôt dans un sachet de mousseline ou bien encore dans une boule à thé.
Elles ne vous gêneront plus tout en parfumant vos mets.

Hoquet

• Les recettes pour le faire passer sont multiples : croquer du poivre, boire un verre d'eau avec un couteau à l'intérieur dont la lame se plaquera sur votre front, mouiller le lobe de l'oreille avec un peu de salive…
• Mais la solution la plus efficace est d'avaler un sucre imbibé de quelques gouttes de vinaigre.

Hortensias

• Vous raviverez les couleurs de vos hortensias en enfouissant près de leurs racines 4 ou 5 clous rouillés. Les fleurs prendront alors une teinte bleue plus foncée.

Huile

• Vous la conserverez plus longtemps si vous la placez à l'abri de la lumière et si vous lui ajoutez 1 cuillerée à soupe de sucre (pour 1 litre).
• Si votre huile a ranci, il n'est jamais trop tard pour la récupérer. Versez-la dans une bouteille en plastique jusqu'aux deux tiers. Puis ajoutez 1/4 de litre de vinaigre. Refermez la bouteille et secouez énergiquement. Procédez ainsi plusieurs fois durant 3 jours pour que le mélange soit bien brassé.
Il ne vous restera plus qu'à décanter l'huile.
• Pour réutiliser une huile de friture, plongez-y des épluchures de pommes de terre bien lavées, et filtrez l'huile avant une nouvelle utilisation.

I-J

Île flottante

• Pour éviter de voir les blancs en neige s'affaisser, faites-les pocher non pas dans du lait mais dans de l'eau. Ils resteront ainsi bien fermes.

✔ Voir aussi *Œufs en neige.*

Imperméabilisation

• Avant de porter une première fois chaussures et vêtements en cuir, songez à les protéger de la pluie. Préparez ce mélange : 3 cuillerées à soupe d'huile de lin, 50 grammes de saindoux, 30 grammes de graisse de mouton, 30 grammes de cire jaune, 1 cuillerée à soupe d'essence de térébenthine. Faites chauffer à feu doux pendant 5 bonnes minutes et laissez refroidir avant d'appliquer cette solution sur le cuir à l'aide d'un pinceau.

Laissez agir toute la nuit. Vous pourrez ensuite profiter pleinement de votre maroquinerie.

Insectes

• Quels que soient les insectes qui hantent votre jardin, vous les chasserez en couvrant le pied de vos arbres avec des feuilles de tomate.

• Dans la maison, vaporisez de la laque à cheveux, produit que détestent la plupart des insectes.

✔ Voir aussi *Guêpes, Mites, Mouches, Moustiques, Piqûre, Pucerons, Puces.*

Isolation

• Pour améliorer l'isolation de votre logement, intercalez plusieurs feuilles de papier journal entre le sol et vos tapis.

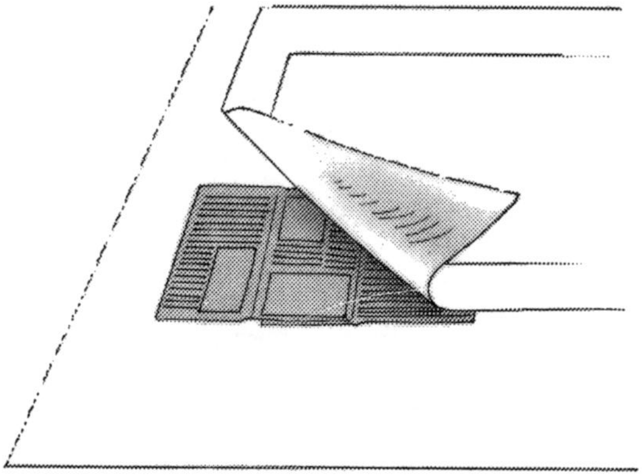

Ivoire

• Pour nettoyer vos objets jaunis ou salis par le temps, passez dessus une éponge trempée dans de l'eau de Javel diluée dans deux fois son volume d'eau. Rincez sans attendre.

• Il est possible également de saupoudrer de sel fin une moitié de citron avant d'en frotter les objets. Lavez aussitôt à l'eau froide et essuyez.

• Un bain de lait froid ou d'eau oxygénée leur redonnera de la blancheur, à condition de les exposer ensuite 3 ou 4 jours au soleil.

Jade

• Pour protéger cette pierre semi-précieuse de la poussière, cirez-la avec une encaustique liquide, puis lustrez-la avec un chiffon de laine.

- Si le jade est profondément encrassé, frottez-le délicatement avec un coton imprégné d'eau légèrement vinaigrée (2 cuillerées à café pour 1/2 litre d'eau). Essuyez ensuite avec un chiffon sec.

Jambon

- Les tranches de jambon desséchées redeviendront appétissantes après avoir trempé dans du lait pendant 15 minutes.
- Il se peut qu'apparaissent des traces de moisi sur un jambon entier. Elles sont liées à l'humidité du lieu dans lequel il est conservé, mais ne signifient nullement que votre jambon n'est pas comestible. Pour éliminer cette moisissure, frottez votre jambon avec un linge imprégné d'une pâte faite de sel et d'eau (5 cuillerées à soupe de sel pour 3 cuillerées d'eau).
- Et s'il faut ensuite le dessaler, découpez-le en tranches et faites-les tremper 1 heure dans du lait cru.

Jus de fruits

- Les jus de fruits perdent leurs apports en vitamines au contact de l'air. Alors, évitez de les presser trop longtemps à l'avance et conservez-les au frais, de préférence dans une bouteille à goulot étroit hermétiquement fermée.

Journaux

- Si les taches d'encre laissées sur vos doigts par certains quotidiens vous dérangent, faites comme les maîtres d'hôtel britanniques des bonnes maisons, repassez-les avant de les lire !

L

Lacet

• Rien n'est plus agaçant que d'essayer de passer dans les œillets d'une chaussure un lacet dont les bouts sont effilochés. Vous retrouverez vite votre calme en trempant les extrémités du lacet dans du vernis à ongles incolore. Une fois sec, votre lacet sera facile à remettre en place !

Lainages

• Rien ne vaut l'eau non calcaire pour rincer vos lainages. Malheureusement elle est rare. Ayez alors recours à cette astuce : ajoutez une cuillerée à soupe de vinaigre d'alcool blanc à la dernière eau de rinçage. Vos lainages ne se défraîchiront pas.

• Pour que vos vêtements ne feutrent pas, respectez la même température entre l'eau de lavage et celle du rinçage.

• Si vous n'avez pas suivi cette consigne et que vos vêtements sont abîmés, laissez-les tremper pendant 48 heures dans de l'eau non calcaire (eau minérale), puis lavez-les normalement dans de l'eau tiède additionnée de glycérine. Rincez à la même température. Vos lainages retrouveront leur belle allure.

Laine

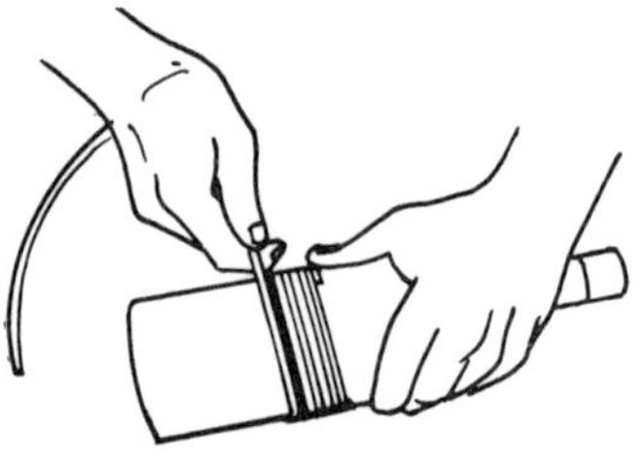

• Une laine détricotée est difficile à réemployer, car elle est devenue frisée. Vous lui rendrez son aspect initial en ayant recours au système suivant : enroulez la laine bien serrée autour d'une bouteille en verre remplie d'eau bouillante. Une fois l'eau refroidie, il ne vous reste plus qu'à reconstituer votre pelote. La laine ainsi défrisée est prête à l'usage.

✔ Voir aussi *Pelotes de laine.*

Lait

• Pour que le lait n'attache pas au fond du récipient lorsque vous le faites bouillir, rincez la casserole à l'eau claire, égouttez-la mais ne l'essuyez pas avant d'y verser le lait.

✔ Voir aussi *Anti-monte-lait.*

Lait en poudre

• Pratique, le lait en poudre n'a cependant pas la même saveur que le lait frais, à moins d'ajouter une pincée de sel à l'eau dans laquelle vous le diluez.

Lame de rasoir

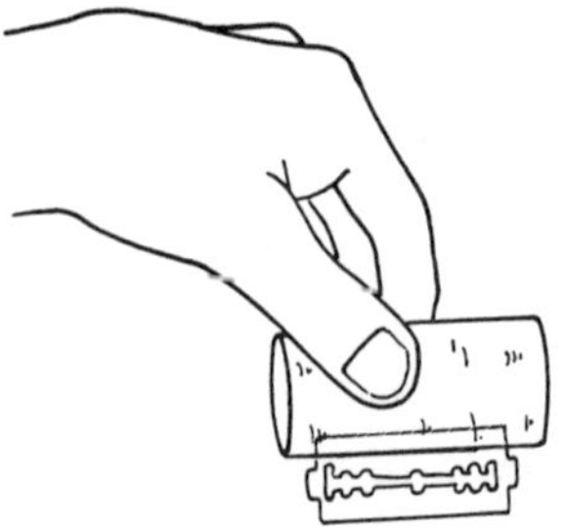

• Pour éviter tout risque de coupure, les bricoleurs auront tout intérêt à pratiquer une fente dans un bouchon de liège pour y enfoncer la lame. Le liège leur assurera ainsi une prise solide pour utiliser la lame sans risquer de se couper.

Lampe de poche

• Il n'est pas rare que, sous l'effet d'un changement de température, votre lampe de poche s'éteigne sans prévenir. Les piles électriques sont en effet sensibles aux variations de température. Pour les rendre plus résistantes, placez dans le boîtier de votre lampe de poche un morceau de papier journal qui isolera parfaitement votre pile.

Lapin

• Pour empêcher le sang de coaguler lorsque vous l'ajoutez à votre civet, mélangez-le avec un filet de vinaigre.
• Par ailleurs, il faut savoir que 3 cuillerées à soupe de café très fort rehaussent le goût du lapin.
• Pour épaissir la sauce d'un civet, en l'absence de sang, écrasez le foie du lapin et mixez-le avec un peu de boudin noir.

Laque

• La laque, matière résineuse d'un rouge brun, extraite de certains arbres d'Extrême-Orient, ne supporte pas l'eau. Évitez donc tout contact car son brillant risquerait de disparaître.
• Pour la nettoyer, préparez la pâte suivante : délayez 1 cuillerée à soupe de farine dans 1 cuillerée à soupe d'huile de lin et 1 cuillerée à soupe d'essence de térébenthine. Frottez la laque délicatement avec un chiffon doux en effectuant des petits cercles pour ne pas rayer la surface puis faites-la briller avec une peau de chamois.

Laque à cheveux

• Certaines laques sont visibles sur les cheveux. Alors, avant d'en appliquer sur vous-même, vérifiez bien qu'elle est de bonne qualité en faisant ce petit test : vaporisez un nuage de laque sur une vitre. Puis essuyez

avec un mouchoir. S'il ne subsiste aucune trace sur la surface vitrée, n'hésitez pas à la choisir, car elle sera également transparente sur votre coiffure tout en la maintenant parfaitement.
✔ Voir aussi *Insectes.*

Lavabos

- Pour un simple nettoyage de vos lavabos en émail, frottez la surface avec une moitié de citron. Cela aura pour autre avantage de les désinfecter.
- Pour les laver en profondeur, utilisez de l'eau de Javel pure. Laissez agir avant de rincer.

Lavage de vaisselle

- Vous voilà en panne de liquide à laver la vaisselle. Qu'à cela ne tienne, du vinaigre fera amplement l'affaire (2/3 d'eau pour 1/3 de vinaigre). Vous réduirez par la même occasion votre consommation de détergents nuisibles à l'environnement !
- Si vous vous trouvez au bord de la mer, utilisez le sable comme liquide vaisselle : c'est un dégraissant à nul autre pareil. Versez une grande quantité de sable dans vos assiettes et frottez avec la main. Renouvelez l'opération 2 ou 3 fois jusqu'à ce que vos ustensiles soient impeccables. Faites de même pour les couverts en les enfonçant dans le sable.
- Dans tous les cas, nettoyez aussitôt après avoir déjeuné ou dîné, car la graisse et les saletés une fois figées sur vos récipients sont très difficiles à éliminer.

Lavande

✔ Voir *Fourmis, Mites, Mouches, Puces.*

Légumes

- Pour éviter que les légumes ne durcissent en cours de cuisson, n'ajoutez le sel qu'au moment de les servir.

• Vous les conserverez frais plus longtemps si vous les enveloppez un à un dans du papier journal.
• Vous n'avez pas pris cette précaution et au bout d'un certain temps ils se sont flétris. Vous les récupérerez en les trempant dans 1 litre d'eau additionnée d'un filet de vinaigre et de deux morceaux de sucre. Ils retrouveront toute leur fraîcheur.

Légumes gelés

• Vous saurez si vos pommes de terre ont gelé cet hiver en effectuant le test suivant : coupez l'une d'elles en deux et frottez les deux faces l'une contre l'autre. S'il en sort un peu de mousse, le test est positif : elle est gelée mais récupérable.

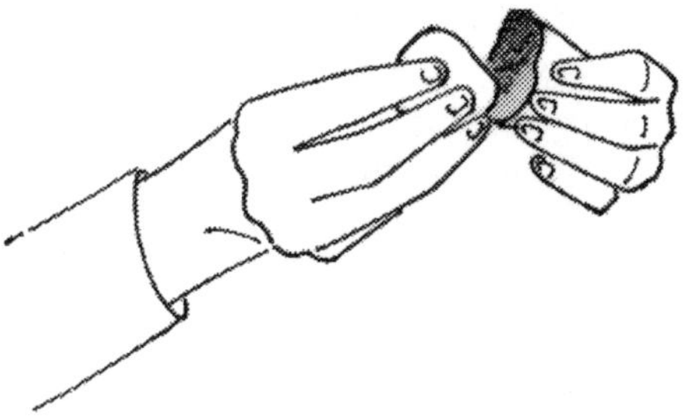

En effet, les pommes de terre, les carottes et les choux peuvent redevenir comestibles si vous les immergez dans de l'eau froide et salée (5 cuillerées à soupe de sel pour 1 litre d'eau) pendant 1 heure.

Lessivage

• Le nettoyage des murs est toujours un travail fastidieux. Vous le rendrez moins pénible si vous placez plusieurs récipients d'eau bouillante au milieu de votre pièce, en prenant soin de fermer portes et fenêtres. La vapeur dégagée vous permettra, en se condensant sur les murs, de les nettoyer plus facilement.
• Le lessivage de la cuisine sera également simplifié si

vous ajoutez une poignée de gros sel à votre eau de lavage. Les graisses se décolleront ainsi plus facilement.

Lèvres

- Les muqueuses du visage, et notamment des lèvres, ne produisent pas leur propre gras. Il faut donc impérativement les graisser abondamment afin qu'elles ne se dessèchent pas. Si vous êtes en panne de stick, vaseline ou beurre de karité feront amplement l'affaire. N'oubliez pas de vous en enduire copieusement avant de vous coucher.
- Si vous utilisez un rouge à lèvres, n'hésitez jamais à passer un peu de stick protecteur après votre maquillage des lèvres : cela rendra votre rouge plus lumineux tout en vous protégeant efficacement des agressions naturelles.
- Et rappelez-vous que des lèvres bien hydratées vieillissent moins rapidement.

✔ Voir aussi *Rouge à lèvres.*

Levure

- Pour que la levure ne perde pas ses propriétés, évitez-lui les températures extrêmes, car elle y est très sensible.
- Par conséquent, son ferment ne sera plus opérant si vous la délayez avec de l'eau froide ou chaude. Préférez donc l'eau tiède.
- La levure chimique doit être intégrée en fin de préparation. Sinon, elle ne se gonflera pas.

Liège

- Ceux qui hésitent à acheter du liège par crainte d'un entretien fastidieux seront surpris par la facilité avec laquelle il se nettoie. Faites infuser 400 grammes de son dans 2 litres d'eau bouillante pendant 30 minutes. Imprégnez-en un chiffon, puis frottez le liège. Rincez à l'eau froide puis essuyez avec un linge sec.

Lilas

• Des branches de lilas coupées ont tendance à faner rapidement. Vous conserverez votre bouquet plus longtemps si vous pratiquez une fente sur toute la longueur de la tige avec un couteau et que vous ajoutez à l'eau du vase une cuillerée à café de sucre en poudre.

Limaces

• Pour éviter d'utiliser des produits toxiques qui détruiraient les limaces, chassez-les de votre jardin en entourant vos semis de cendres de bois. Les limaces ne les franchiront pas.

Lime à ongles

• Elle a généralement tendance à retenir la saleté, les peaux mortes et la « sciure » d'ongles limés. Pour nettoyer votre lime à ongles, il suffit d'appliquer une morceau de ruban adhésif (face adhésive contre la lime) et de tirer d'un coup sec : toutes les impuretés se seront collées au ruban adhésif.

Linge

• Un linge neuf perdra son apprêt si, avant de le porter une première fois, vous le laissez tremper 1 heure dans de l'eau tiède additionnée de 6 cuillerées à soupe de sel et d'une poignée de cristaux de soude (pour 1 litre d'eau). Il sera ainsi assoupli et plus agréable sur la peau.

Linge blanc

• Votre linge sera d'une blancheur éclatante si vous le faites bouillir en ajoutant 2 coquilles d'œuf (pour 1 litre d'eau). Votre linge blanc, à force de lavages, peut jaunir ou se ternir. Vous lui rendrez sa couleur initiale en le faisant bouillir dans une eau additionnée du jus d'un citron (pour 1 litre).

- Rangés dans vos placards, vos draps et nappes se marquent de traces jaunâtres au niveau des pliures. Badigeonnez les taches avec du lait cru et laissez sécher votre linge en plein soleil. Lavez-le ensuite normalement. Il sera immaculé.

Linge de couleur

- Lorsque vos vêtements ne sont pas garantis grand teint, laissez-les tremper pendant 12 heures dans de l'eau froide salée (6 cuillerées à soupe de sel pour 1 litre d'eau) avant de les laver une première fois.
- Vos tricots et chemisiers délicats conserveront plus longtemps leurs couleurs fraîches si vous ajoutez un filet de vinaigre blanc à leur dernière eau de rinçage.

Lingerie fine

- N'hésitez plus à mettre votre lingerie fine dans votre machine à laver ; enfermée dans une taie d'oreiller, elle

sera parfaitement protégée au moment de l'essorage.
✔ Voir aussi *Essorage.*

Linoléum

- Quelques précautions s'imposent au moment de sa pose. Lorsque vous découpez du linoléum, prévoyez systématiquement des dimensions légèrement inférieures à celles de votre sol. Car, une fois posé, le linoléum se détend et comble les millimètres qui lui manquaient au départ.
- Avant de le découper, entreposez-le dans une pièce dont la température excédera les 20 degrés. Cela l'assouplira et évitera qu'il ne se fende au moment de la coupe.
- Des traces difficiles à ôter sur le linoléum s'enlèveront facilement si vous les frottez tout simplement avec une gomme d'écolier.
- Pour raviver les couleurs de votre sol un peu ternies par les multiples lavages, mélangez 2 jaunes d'œuf battus à 1 litre d'eau et étalez cette substance sur le sol avec une éponge. Laissez agir pendant une demi-heure avant de rincer à l'eau claire.

Livres

- Le pire ennemi de vos livres est sans aucun doute l'humidité. Si elle a attaqué certains d'entre eux, saupoudrez toutes les pages de talc et répartissez-le avec un morceau de coton. Refermez le livre et maintenez-le fortement, les pages bien serrées les unes contre les autres. Au bout de 15 minutes, secouez le livre, le talc aura alors absorbé l'humidité.
- Pour nettoyer les salissures causées par les insectes sur les tranches ou les couvertures de livre, frottez les traces avec un chiffon imbibé d'alcool à brûler.

✔ Voir aussi *Graisse, Reliure.*

Lunettes

- La buée et les traces de poussière disparaîtront définitivement de vos lunettes si vous passez, chaque matin, du savon sec sur les deux faces de vos verres. Attendez quelques minutes et essuyez avec un chiffon propre qui ne peluche pas. Vos lunettes resteront impeccables toute la journée.
- Pour empêcher que l'une des branches de vos lunettes ne se détache ou ne se desserre, posez une goutte de vernis à ongles sur la vis d'articulation de la branche.

M

Mains

- Elles sont la partie du corps la plus exposée. Pour les conserver, le plus longtemps possible, lisses et douces, il faut user et abuser des crèmes adoucissantes, de préférence grasses.

C'est là un geste élémentaire au même titre qu'enfiler des gants de protection avant de gros travaux.

- Si vous ne souhaitez pas vous ruiner en crèmes, sachez que la vaseline est toute indiquée. Pour plus de résultat, demandez à votre pharmacien de vous préparer une crème composée de 90 % de vaseline et de 10 % d'urée. Cette dernière a des effets miracles sur les mains et certaines femmes n'hésitent pas à s'appliquer directement un peu d'urine pure. Sans aller jusqu'à des traitements aussi radicaux, la préparation ci-dessus devrait vous apporter bien-être et beauté au bout de 2 ou 3 semaines.
- Les pommes de terre, grâce à l'amidon qu'elles contiennent, sont aussi d'excellents produits de beauté. N'hésitez pas à l'occasion, notamment lorsque vous en faites cuire à la vapeur ou à l'eau, à en écraser une et à vous masser les mains avec la purée obtenue. Vous pouvez en plus ajouter quelques gouttes d'amandes douces pour affiner le grain de la peau.

• Pour faire disparaître l'odeur de l'ail sur les mains, lavez-les avec du marc de café.
• Contre les odeurs d'oignon, utilisez du persil en guise de savon.

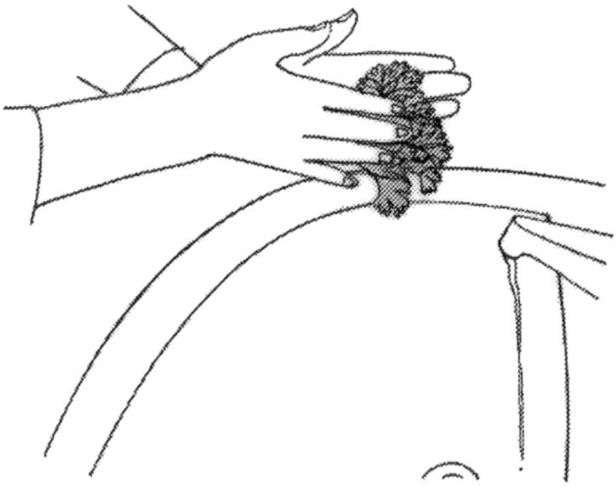

• Pour combattre l'odeur du poisson, lavez-vous les mains avec du sel.
• Quant à l'eau de Javel, un peu d'eau vinaigrée en viendra à bout.
✔ Voir aussi *Eau de Javel, Engelures, Ongles, Transpiration.*

Mains congestionnées

• Si vos mains ont tendance à gonfler en fin de journée, trempez-les dans de l'eau chaude salée (5 cuillerées à soupe de sel fin pour 1 litre d'eau) avant de les masser avec de l'huile d'olive. Recommencez aussi souvent que vos mains seront congestionnées.

Maquillage

✔ Voir *Fond de teint, Mascara, Œil, Paupières, Poudre de riz, Rouge à lèvres.*

Marbre

• Nettoyez le marbre encrassé ou taché (tache de fruit, café, nicotine) avec une éponge imbibée d'eau tiède et de quelques gouttes d'eau de Javel. Rincez à l'eau claire et séchez. Attendez quelques instants et étalez du talc sur toute la surface. Passez ensuite un chiffon pour ôter le talc et cirez pour faire briller.

• Les taches d'encre réclament un autre traitement : tamponnez-les avec un chiffon imprégné d'eau oxygénée et de quelques gouttes d'ammoniaque.

Marbre de couleur

• Le marbre de couleur retrouvera son éclat si vous passez sur toute la surface un chiffon imbibé d'essence. Laissez agir toute la nuit avant de le polir à la peau de chamois.

Marc de café

✔ Voir *Engrais, Paillasson, Réfrigérateur.*

Marteau

• S'il arrive que votre marteau se démanche, faites-lui prendre un bain d'eau froide pendant 24 heures : l'eau fera regonfler le bois et soudera les deux parties. Faites-le tremper ensuite dans un bain de paraffine pour qu'il reste fixé à jamais. Vous travaillerez ainsi sans risque de blessure intempestive due à un manche branlant.

Mascara

• Lorsque vous maquillez vos cils, il faut faire attention à ne pas appliquer le mascara en paquets. Pour ce faire, passez votre brossette sous l'eau et remettez-la dans le tube. Cette opération aura fluidifié le produit, et il sera plus aisément utilisable.

Et si vos cils ont tendance à se coller, passez une petite aiguille sur toute leur longueur pour les décoller.

• Si vous n'avez pas utilisé votre mascara depuis un certain temps, il aura sans doute séché. Approchez-le d'une source de chaleur (un radiateur par exemple) et attendez 5 minutes : il se sera liquéfié comme par magie.

• Mieux encore, si votre tube ou votre boîte sont bien hermétiques, passez-les directement sous l'eau chaude. Le résultat est encore plus rapide.

• Vous pouvez également verser dans le tube 3 gouttes d'huile de ricin. Elle graissera de nouveau le mascara et fortifiera les cils par la même occasion.

Masque

• Il en existe pour tous les types de peau et pour tous les problèmes. Mais, dans tous les cas, ne les appliquez que sur une peau parfaitement propre et démaquillée.

• Pour vous détendre efficacement la peau, notamment avant une soirée ou un dîner, préparer une pâte en mélangeant 1 blanc d'œuf, une cuillerée à café de miel et une d'huile. Liez le tout et appliquez-vous la mixture sur le visage, en prenant soin de vous allonger car la préparation « fige » les traits du visage. Lorsque le masque commence à tirer, environ 15 minutes après, rincez-vous abondamment.

• N'oubliez jamais de bien hydrater votre peau ensuite, car le masque est toujours un peu agressif.

Masque pour peau grasse

• Pour vous nettoyer la peau bien en profondeur, mélangez 200 grammes de farine d'avoine à 1/2 litre d'eau jusqu'à obtenir une pâte onctueuse.

• Étalez sur le visage en lissant du haut vers le bas, et en prenant soin d'éviter le contour des yeux. Laissez sécher à même la peau puis grattez doucement pour enlever la croûte qui s'est ainsi formée.

• En se détachant, celle-ci va entraîner peaux mortes et points noirs, et laissera votre visage débarrassé de toute impureté. Particulièrement recommandé pour les peaux grasses, ce masque ne doit pas être appliqué plus d'une fois par semaine.

Masque pour peau sèche

• Pour les peaux sèches qui ont constamment besoin d'être hydratées, c'est un masque au miel qui s'im-pose. Pour ce faire, faites chauffer quelques secondes 100 grammes de miel à feu très doux en y ajoutant un filet d'huile d'amandes douces. Une fois que le mélange est à la bonne température (environ 35 degrés), étalez soigneusement sur l'ensemble du visage et du cou et laissez agir 15 minutes avant de rincer à l'eau claire.
Votre peau sera regonflée de l'intérieur et votre teint aura retrouvé une nuance rosée du plus bel effet.

Mastic

• Lisser du mastic avec les mains est délicat, car vous vous encollez les doigts. Pour éviter cela, utilisez un morceau de pomme de terre crue, coupé à la taille d'une frite, que vous faites glisser sur le mastic. L'humidité et l'amidon de la pomme de terre vous assureront une finition exemplaire.

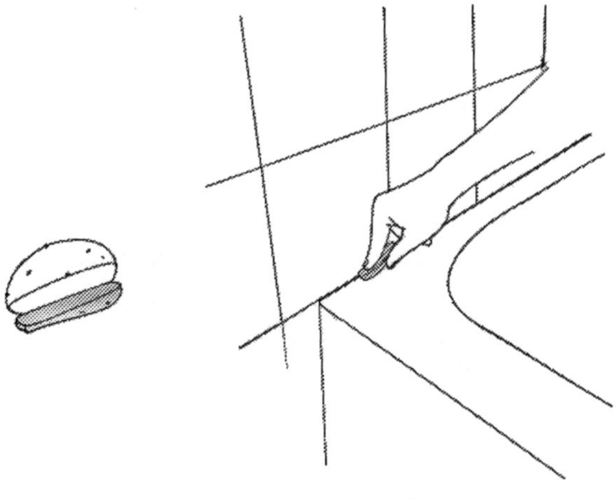

a b

• S'il vous reste du mastic après cet ouvrage, conservez-le en l'enveloppant tout simplement dans du papier aluminium.

Maux de gorge

• On ne se méfie pas assez des courants d'air à l'origine des extinctions de voix. Dès les premiers signes, pensez à vous gargariser avec des feuilles de mûrier. Faites-en bouillir 100 grammes dans 1 litre d'eau pendant 15 minutes. Laissez reposer 1 heure puis filtrez. Lorsque cette décoction est froide, commencez alors les gargarismes que vous effectuerez 3 fois par jour. Ces soins apaisants vous redonneront très vite une voix de stentor !

Mayonnaise

• Suivez attentivement ce conseil et vous ne la raterez plus. Mélangez 1 jaune d'œuf avec 1 cuillerée de moutarde, salez, poivrez et faites cuire 2 minutes à feu doux, puis ajoutez aussitôt l'huile. Remuez avec une fourchette au bout de laquelle vous aurez planté une gousse d'ail. C'est un moyen infaillible pour qu'elle ne tourne pas.

• Si jamais elle rate, vos ingrédients n'étaient sans doute pas tous à la bonne température : n'avez-vous pas oublié de sortir votre œuf du réfrigérateur 30 minutes avant la préparation ? Vous rattraperez toutefois votre mayonnaise en y ajoutant 1 cuillerée à soupe de vinaigre chaud. Remuez énergiquement, votre mayonnaise est bel et bien sauvée.

Médicaments

• Pour ceux qui ne supportent pas le goût désagréable de certains médicaments, sucez un glaçon avant la prise d'un cachet ou d'un sirop : le froid aura pour effet d'anesthésier vos papilles.

Mercurochrome

• Il n'y a pas trente-six façons de s'y prendre pour faire disparaître une tache de Mercurochrome sur un tissu de couleur : il faut frotter immédiatement avec un linge imbibé d'alcool à 90 degrés.

• Sur un tissu blanc, humectez la tache avec de l'eau de Javel pure.

✔ Voir aussi *Bronzage.*

Meringues

• Vos meringues ne s'affaisseront plus en cuisant si vous les saupoudrez de sucre glace avant de les mettre au four.

Météo

• Comment prévoir le temps de demain ? Certains préconisent d'observer les pelures d'oignon. Plus elles sont nombreuses, plus l'hiver risque d'être vigoureux et froid. N'utilisez naturellement que les oignons de votre jardin ou ceux de votre région, et non des oignons d'importation !

Meuble

• Une odeur tenace dans un meuble ne vous indisposera plus si vous placez à l'intérieur un bol de lait bouillant. Fermez bien les portes et attendez 30 minutes avant de l'ouvrir. Votre meuble sera ainsi aseptisé.

✔ Voir aussi *Bois blanc, Bois ciré, Bois clair, Bois gondolé, Bois verni, Moquette, Teinture, Vers.*

Mimosas

• Vos mimosas se conserveront plus longtemps si vous les faites tremper dans de l'eau chaude et non dans de l'eau froide. Changez naturellement leur eau tous les jours.

Miroirs

● Pour rendre vos miroirs parfaitement nets, frottez-les avec une moitié de pomme de terre crue. Rincez ensuite avec de l'eau additionnée d'un filet d'alcool à brûler (pour 1 litre) et essuyez soigneusement avec un chiffon sec.

✔ Voir aussi *Buée, Vitres.*

Mise en plis

● Si vos cheveux trop fins s'enchevêtrent dans les picots des rouleaux en plastique, entourez ces derniers de petites bandes de papier toilette résistant. Il vous suffira de les renouveler lors de votre prochaine mise en plis.

● Votre mise en plis tiendra plus longtemps si vous humectez vos cheveux de bière, juste après les avoir lavés. Ils gagneront alors en brillance et en souplesse.

● Pour changer de tête, le temps d'une soirée ou d'un week-end, et s'offrir une « crinière », séparez vos mèches mouillées en ayant pris bien soin de les décoller à la racine. Torsadez-les, puis entourez-les de fils de fer, que vous retirerez une fois vos cheveux secs.

● Si vous êtes pressée, essayez ce truc rapide : roulez vos cheveux, sans les mouiller, sur des bigoudis avant de les recouvrir d'une serviette humide et bien chaude. En 5 minutes, la vapeur dégagée par la serviette vous permet d'afficher des boucles impeccables.

Mites

- Pour détruire les larves de mite qui se sont logées dans vos tapis, frottez-les avec un tampon imbibé d'essence de térébenthine.
- Une solution plus radicale consiste à placer votre tapis 48 heures au réfrigérateur. S'il ne tient pas, ayez alors recours à la chambre froide ! Votre tapis sera assaini pour des mois.
- Pour éloigner les mites, lorsque vous rangerez un tapis, recouvrez-le de papier journal sur ses deux faces et roulez-le. Les mites fuient l'odeur de l'encre d'imprimerie.
- Vous empêcherez ces parasites de s'infiltrer dans vos placards ou armoires en suspendant un sachet contenant des écorces de citron séché, ou en plaçant des petits sacs de lavande dans votre linge : cela aura pour autre avantage de le parfumer.

Moisissure

- Les taches de moisissure sur du linge blanc ou de couleur disparaîtront aussitôt si vous faites bouillir le tissu dans du lait. Laisser tremper le linge dans de l'eau chaude additionnée d'ammoniaque, pendant 1 heure, fera tout aussi bien l'affaire.
- Des traces de moisissure sur du cuir disparaîtront si vous les frottez avec un coton imprégné d'essence de térébenthine. Saupoudrez ensuite un peu de talc, essuyez avec un chiffon sec et cirez.

Montre

- Lorsque de la buée s'est formée à l'intérieur d'une montre, retournez votre bijou, le verre contre la peau. La chaleur naturelle de l'organisme suffit souvent à supprimer la condensation.

Moquette

• Pour détacher une moquette salie par votre animal qui s'est oublié, rien ne vaut l'eau gazeuse. Frottez tout d'abord la surface avec une éponge humidifiée d'eau puis humectez la tache avec de l'eau gazeuse. Laissez-la s'imprégner 5 minutes avant d'éponger de nouveau. Renouvelez l'opération si besoin est. Aucune auréole n'apparaîtra à la suite de ce procédé.

• Lorsque vous déplacez des meubles dans une pièce, leurs pieds ont souvent laissé des marques sur votre moquette. Pour effacer ces traces, repassez-les à la pattemouille puis brossez les poils énergiquement. Si vous avez un fer à vapeur, maintenez-le à 5 centimètres au-dessus de la moquette. Le jet de vapeur fera regonfler les poils.

• S'il vous faut découper de la moquette pour rénover une pièce, utilisez votre couteau électrique de cuisine. Il sera tout aussi efficace que le couteau à lames interchangeables dont se servent les professionnels.

✔ Voir aussi *Poils.*

Mouches

• Comment faire pour éviter que les mouches ne virevoltent dans votre intérieur ?

Avant toute chose, entreposez sur le rebord de vos fenêtres une assiette de vinaigre ou des pots de basilic qui formeront un véritable écran antimouches.

Placez ensuite dans votre pièce un bouquet de buis. Les mouches préféreront se nicher dans les feuilles de cette plante plutôt que de vous taquiner.

• N'oubliez pas non plus que l'essence d'eucalyptus ou de lavande éloigne ces insectes. Alors n'hésitez pas à en mettre dans votre brûle-parfum !

✔ Voir aussi *Peinture.*

Mouchoirs

• Pour vous éviter la corvée de repassage des mouchoirs, secouez-les bien une fois lavés et disposez-les sur vos fenêtres ou sur du carrelage en lissant bien la surface pour éviter l'apparition de faux plis. Secs et défroissés, il ne vous restera plus qu'à les ranger.

• Vous limiterez la consommation de mouchoirs de vos enfants qui les perdent ou les oublient de cette manière : cousez l'extrémité d'un long ruban de satin à l'angle d'un mouchoir et fixez son autre extrémité avec une épingle à nourrice à l'intérieur de la poche d'un vêtement. Vous pourrez laver le mouchoir, facilement détachable, sans vous préoccuper de le découdre.

Moufles

• Il n'est pas rare que les enfants les oublient, les égarent sur un banc d'école ou chez un ami. Cela ne se reproduira pas si vous passez un élastique ou une ficelle par une manche du manteau pour le faire ressortir par l'autre. Cousez à chacune de ses extrémités la fameuse moufle ou bien le gant.

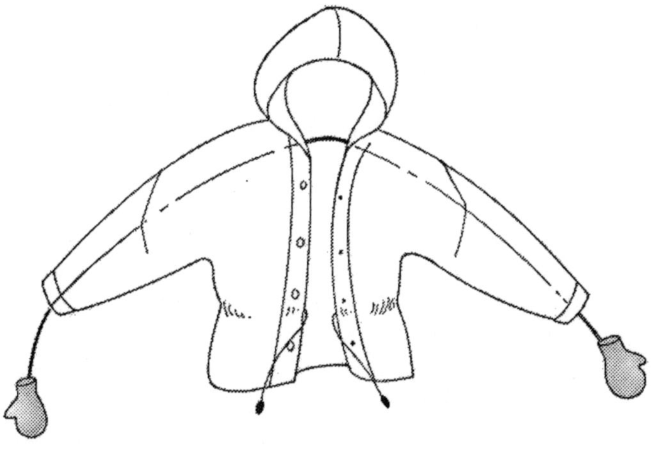

Moulage

• Pour dépoussiérer parfaitement des figurines ou statuettes en plâtre tout en leur redonnant leur couleur initiale, badigeonnez-les d'eau amidonnée (l'eau de cuisson du riz ou pommes de terre fera très bien l'affaire). Utilisez pour cela un pinceau fin qui vous permettra d'atteindre les parties creuses et délicates. Laissez sécher : l'amidon va s'écailler petit à petit.

• Nettoyez ensuite avec une brosse souple. Renouvelez l'opération jusqu'à ce que votre plâtre soit totalement dépourvu de toute trace.

Moulin à café

• Pour nettoyer un moulin à café et lui enlever l'odeur de rance dont il est imprégné, moulez de la mie de pain. Elle absorbera toutes les odeurs et les impuretés.

Mousse

• La mousse qui emplit votre évier, après le nettoyage de votre vaisselle, ne s'éliminera pas en faisant couler de l'eau. Bien au contraire ! Elle disparaîtra tout simplement si vous vous lavez les mains juste au-dessus d'elle avec une savonnette.

• La mousse qui déborde de votre machine à laver (vaisselle ou linge) sera réduite à néant si vous versez 1/2 verre de vinaigre dans l'orifice destiné à recevoir la lessive.

Mousse au chocolat

• De nombreux petits trucs permettent de rehausser le goût du chocolat, et donc de réussir à coup sûr les mousses. Tout d'abord, sachez que si vous faites ramollir le chocolat au bain-marie, et non directement dans la casserole comme il est d'usage, celui-ci sera plus léger. Évitez par ailleurs de mélanger les œufs au chocolat encore chaud, car ils pourraient cuire et se figer. Il faut donc attendre que la préparation ait bien tiédi.

• Certaines liqueurs (le Grand-Marnier, le curaçao) soulignent le parfum du chocolat, surtout s'il est noir, et peuvent même vous éviter de mettre du sucre. C'est une technique qui reste cependant réservée aux amateurs d'arômes puissants.

• Un trait de café donnera un arôme original à votre mousse.

• Vous pouvez également faire votre mousse au chocolat blanc.

Mousse synthétique

• Pour découper très précisément et sans aucune difficulté des morceaux de mousse synthétique de toutes les tailles, faites chauffer la lame de votre couteau électrique à la flamme d'un briquet ou du gaz. Sans lui laisser le temps de refroidir, mettez-vous aussitôt à l'ouvrage. Vous obtiendrez des bords parfaitement lisses et réguliers.

• L'odeur qui s'en dégagera n'est pas des plus agréables. Dans la mesure du possible, opérez en plein air.

Moustiques

• Pour éloigner les moustiques, n'hésitez pas à utiliser l'huile essentielle de citronnelle ou de géranium. Les moustiques détestent ces odeurs, autant d'ailleurs que celles de l'encens et du basilic.

• Mais vous pouvez également suspendre chez vous une orange piquée de clous de girofle.

✔ Voir aussi *Piqûre.*

Moutarde

• Votre moutarde une fois entamée ne se dessèchera plus si vous déposez à sa surface une rondelle de citron que vous changerez régulièrement après chaque utilisation.

N

Nacre

• Elle est particulièrement fragile. Nettoyez-la avec un chiffon imbibé d'huile de cuisine. Ainsi, elle brillera de mille feux.

• Dans tous les cas, évitez de laver à la machine vos vêtements dont les boutons sont en nacre : vous pourriez les retrouver ternis et en mauvais état.

Nettoyage de peau

• Les pores bouchés de votre peau sont généralement à l'origine de la formation de boutons et de points noirs. Il faut donc faire un bon nettoyage de peau, en moyenne une fois par semaine. Outre les gommages, vous pouvez vous faire à domicile une fumigation. Faites bouillir 1 litre d'eau et plongez-y 2 branches de thym, 1 poignée de feuilles de menthe, du basilic et autres herbes de Provence.

Lorsque l'eau bout, éteignez le feu et placez votre visage à une trentaine de centimètres de la casserole en vous couvrant la tête d'une serviette. Restez ainsi un quart d'heure, afin que la vapeur fasse son œuvre bienfaitrice et vous débarrasse de toutes les impuretés qui encrassent les pores.

Rincez ensuite à l'eau fraîche et passez une crème hydratante.

✔ Voir aussi *Gommage.*

Nicotine

Les grands fumeurs trouveront là quelques astuces pour effacer les traces de nicotine sur les doigts.

- Essayez tout d'abord le jus de citron frotté sur la peau.
- Si cela ne suffit pas, faites appel à l'eau javellisée. Il vous faudra ensuite supprimer l'odeur dont vos doigts se seront imprégnés.
- Des taches de nicotine sur du tissu disparaîtront tout simplement en étant frottées avec de l'alcool à 90 degrés.

✔ Voir aussi *Eau de Javel, Porcelaine.*

Niveau

- En l'absence d'un niveau pour régler l'horizontalité d'une étagère ou d'un appareil ménager, utilisez une bouteille en plastique, ou en verre, remplie d'eau. Posez-la horizontalement sur le meuble que vous voulez mettre d'aplomb. Lorsque la bulle d'air est au centre de la bouteille, c'est que celle-ci est bien horizontale.
- Vous pouvez également utiliser une ampoule de médicament.

Noix

- Pour savoir si vos noix sont véreuses ou non, plongez-les dans de l'eau bouillante. Celles qui remontent à la surface sont abîmées, celles qui restent au fond du récipient sont comestibles.
- Pour conserver des noix d'une saison à l'autre, faites-les sécher en les enterrant avec leur coquille dans votre jardin jusqu'au jour où vous souhaiterez les consommer.

O

Odeurs

• Contre les odeurs de renfermé qui émanent d'une maison restée longtemps inhabitée, utilisez des chiffons de coton imbibés d'essence d'aiguilles de pin que vous cacherez dans chaque pièce.
Ils diffuseront d'agréables senteurs pendant des mois.

• Pour parfumer une chambre ou un salon, versez quelques gouttes de votre parfum préféré sur une ampoule froide, ou bien glissez un coton imbibé d'une essence de votre choix entre le filtre et la grille de sortie de votre aspirateur. Profitez aussi d'un bon feu de cheminée pour y jeter des épluchures d'orange ou de citron.

• En hiver, lorsque le chauffage central fonctionne, ajoutez dans l'eau des saturateurs de vos radiateurs quelques gouttes d'extrait de fleur ou de parfum.

• Enfin, vous pouvez faire brûler du papier d'Arménie (vous en trouverez en pharmacie pour un prix modique). Outre le fait qu'il parfume agréablement la maison, il assainit l'atmosphère et est idéal pour désodoriser les chambres des malades, lorsqu'on ne peut pas les aérer.

• L'odeur trop relevée d'un camembert sera éliminée si on l'entoure de thym émietté.

• Quant aux odeurs de votre cuisine, seul de l'ammoniaque vaporisé dans les pièces en viendra à bout.
✔ Voir aussi *Bocal, Eau de Javel, Friture, Meuble, Oignons, Réfrigérateur, Sanitaires.*

Œillets

• Pour conserver vos œillets plus longtemps, une dizaine de jours au moins, remplacez l'eau du vase par une limonade au citron.
• Les fleuristes utilisent des tuteurs en fil de fer afin de maintenir la fleur bien droite. Si vous n'en avez pas, entourez la corolle de ruban adhésif incolore. Pour qu'il épouse parfaitement sa forme, pratiquez des crans avec une paire de ciseaux. La fleur s'épanouira en toute liberté sans baisser la tête.

Œuf

• Si par mégarde vous avez cassé un œuf sur le sol, n'y touchez pas mais saupoudrez-le légèrement de sel et attendez 30 minutes. Il ne vous restera plus qu'à balayer la poussière ainsi obtenue. Et si, par la même occasion vous avez fait une tache sur du tissu, nettoyez-la uniquement à l'eau froide savonneuse.
• Par ailleurs, lorsque vous sortez votre argenterie pour un dîner, évitez qu'elle soit en contact avec de l'œuf, car il laisse systématiquement des traces difficiles à faire disparaître. Essayez toutefois ces différents remèdes : frottez les couverts avec une moitié de citron, ou avec une pomme de terre cuite à l'eau et écrasée. Rincez et séchez aussitôt avec un chiffon bien sec.
✔ Voir aussi *Congélation.*

Œufs à la coque

• Ils ne se fendront plus à la cuisson si vous prenez la précaution de placer au fond de votre casserole une soucoupe retournée.

Œufs brouillés

• Suivez ces deux conseils, et vos œufs brouillés seront parfaits : faites-les cuire au bain-marie dans une poêle et remuez-les uniquement avec une cuillère en bois.

Œufs durs

• Ils n'éclateront pas à la cuisson si vous avez pris soin d'ajouter à l'eau 3 allumettes utilisées. Cela fonctionne !

• Il est difficile de réaliser des canapés, lorsque le blanc d'œuf est mal réparti autour du jaune. Pour y remédier, remuez l'œuf constamment et avec précaution durant le temps de sa cuisson.

• Pour ôter facilement la coquille d'un œuf dur, il suffit de dissoudre une poignée de sel dans l'eau de cuisson.

Si vous n'avez pas pris cette précaution, percez un minuscule trou à chaque extrémité de la coquille avec une aiguille à coudre. Soufflez par l'un des trous : cela aura pour effet de dégager la coquille.

Vous pourrez ensuite la retirer normalement.

• Si par mégarde vous avez mis ensemble œufs frais et œufs durs, vous saurez les séparer en employant ce truc : faites-les tourner sur eux-mêmes. Le frais restera en place, tandis que le dur effectuera des cercles concentriques.

Œufs en neige

• Il faut savoir que le moindre soupçon de jaune d'œuf dans les blancs nuirait au résultat. Faites donc très attention au moment de les séparer.

• Vous obtiendrez des blancs en neige fermes et volumineux en leur ajoutant une pincée de sel ou un filet de citron, ou bien encore 4 gouttes de lait.

Œufs fêlés

• Ne craignez pas de les faire cuire. Ils ne se videront pas si, avant de les plonger dans l'eau, vous frottez la fêlure avec une moitié de citron, ou si vous ajoutez un filet de vinaigre à l'eau de cuisson. Dans les deux cas, les œufs resteront intacts pendant leur cuisson dans l'eau bouillante.

Œufs frais

• Pour vérifier la fraîcheur d'un œuf, plongez-le dans de l'eau froide salée. S'il remonte à la surface, il est hors d'usage.
• Si, en revanche, il reste bien au fond, vous serez alors assuré de sa fraîcheur.
• Des œufs frais ne se conservent pas plus de trois semaines dans le réfrigérateur. Vous pourrez toutefois prolonger ce temps de 4 ou 5 jours si vous les plongez 10 minutes dans de l'huile d'olive.

Œufs sur le plat

• Pour éviter l'apparition de taches blanchâtres inesthétiques sur le jaune, ne salez votre œuf sur le plat qu'une fois la cuisson terminée.
• Il faut savoir par ailleurs que quelques gouttes de vinaigre ajoutées au moment de la cuisson relèveront le goût.

Œufs à la truffe

• Avant de consommer des truffes fraîches, faites les voisiner 8 jours dans une boîte à œufs avec vos œufs frais, vous bénéficierez d'une agréable omelette car, la coquille des œufs étant poreuse, vos œufs frais seront très parfumés.

Œufs de Pâques

Occupez vos enfants à la préparation d'œufs de Pâques colorés.

- En faisant cuire vos œufs durs dans du marc de café ou dans du thé, vous obtiendrez des œufs marron, avec un goût très fin.
- les pelures d'oignons et d'échalotes donneront des teintes brun rosé,
- du chou rouge et de la betterave, des œufs roses,
- les épinards donneront du vert pâle,
- le curcuma, un jaune d'or,
- le bleu de méthylène, un beau bleu impropre à la consommation,
- en installant des élastiques autour de l'œuf pendant sa cuisson, vous obtiendrez une décoration en forme de batik, très originale.

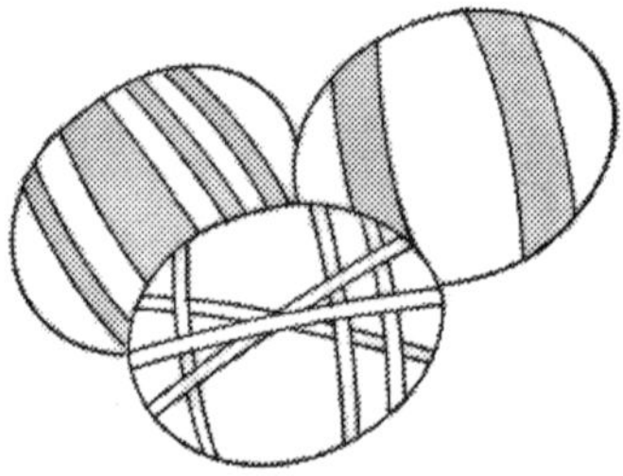

Oignons

- Pour éviter de pleurer à chaudes larmes, épluchez vos oignons sous un filet d'eau froide.
- Vous pouvez aussi les placer 15 minutes au congélateur ou les passer 20 secondes au four micro-ondes, avant de commencer à les peler.
- Pour les rendre plus digestes, découpez-les en rondelles. Saupoudrez celles-ci de sel fin et faites-les dégorger dans une passoire pendant 5 minutes. Rincez-les, avant de les mettre sans crainte dans votre salade.

• Pour adoucir leur saveur parfois trop piquante, faites macérer les morceaux d'oignon cru, pendant 2 heures, dans du jus de citron ou dans de l'huile d'olive.
• L'odeur d'oignon s'effacera de vos mains si vous les frottez avec du vinaigre ou bien encore du sel. Lavez-les ensuite à l'eau froide car l'eau chaude fixerait l'odeur.
• Pour les faire dorer sans noircir, farinez-les avant de les passer à la poêle.
✔ Voir aussi *Germination.*

Oignons à fleurs

• Pour les garder d'une année sur l'autre intacts et en pleine santé, entreposez vos oignons à fleurs dans les alvéoles d'une boîte d'œufs en ayant pris soin auparavant d'en percer plusieurs fois le fond à l'aide d'une aiguille à coudre. Placez-les ensuite dans un endroit sombre et frais, votre cave par exemple. Vous les retrouverez au printemps prochain prêts à être mis en terre.

Oiseaux

• Redoutables chasseurs d'insectes, les oiseaux sont malheureusement fort attirés par les fruits de vos arbres. Vous les éloignerez en plaçant un transistor en marche au pied de votre cerisier ou de votre prunier. Le bruit empêchera qu'il ne soit assailli par les merles. Vous éviterez encore qu'ils ne viennent grappiller vos fruits avant vous en plaçant des filets sur vos plantations dès que les fruits se colorent.

Olives noires

• Pour conserver des olives noires autant de temps que vous le souhaitez, disposez-les dans un bocal rempli d'huile d'olive dans lequel vous ajouterez une gousse d'ail et une branche de thym.

Olives vertes

• Vous garderez vos olives vertes plus longtemps si vous les placez dans un bocal en verre avec le liquide qu'elles contiennent. Ajoutez un peu d'eau salée de façon qu'elles soient entièrement recouvertes et entreposez-les dans un endroit frais.
Si certaines olives ont une saveur âcre, immergez-les pendant 10 minutes dans de l'eau bouillante.

Omelette

• Elle sera d'autant plus volumineuse et moelleuse que vous y aurez ajouté un filet de lait.
• Si vous la souhaitez légère, battez vos blancs d'œuf séparément avant de les mélanger avec les jaunes.
• Et pourquoi ne pas ajouter ensuite à cette préparation 3 cuillerées d'eau, qui donneront à votre omelette toute l'onctuosité souhaitée ?

Ongle incarné

• N'oubliez jamais de toujours couper vos ongles, particulièrement ceux des orteils, au carré. Sinon gare à l'ongle incarné. Si malgré tout vous en avez un qui pousse douloureusement, prenez un bain de pieds très

chaud auquel vous aurez ajouté 15 gouttes d'huile d'olive. C'est seulement lorsque la peau sera bien ramollie que vous pourrez essayer de dégager la partie incarnée à l'aide d'une pince pour la couper.

Ongles

- Reflet de votre hygiène, voire de votre mental (les ongles rongés ne trahissent-ils pas les grands nerveux ?), ils méritent une attention particulière.
- Vous pouvez les manucurer vous-même, en commençant par les baigner dans un bol d'eau chaude additionnée du jus d'un citron et de 5 gouttes d'huile d'olive. Trempez vos doigts 5 minutes, puis séchez-les (sans les rincer !) avant de repousser les peaux à l'aide d'un Coton-Tige. Ne les coupez surtout pas : elles reviendraient encore plus vite. Lavez-vous ensuite les mains normalement et, une fois qu'elles sont bien sèches, limez les ongles avec soin, sans oublier les peaux disgracieuses.
- Si vos ongles sont rainurés, vous pouvez également utiliser la lime à plat sur toute la surface de l'ongle afin de la lustrer : votre vernis tiendra bien mieux. Pour finir, enduisez-vous les mains de crème en massant le pourtour des ongles et, si ceux-ci sont cassants ou mous, appliquez chaque soir de la glycérine.
- Pour éviter qu'ils ne s'encrassent lors de travaux de peinture ou de jardinage, pensez à les enfoncer dans du savon de Marseille mou : celui-ci retiendra la saleté, et il vous suffira de brosser vos ongles une fois l'ouvrage terminé pour qu'ils soient parfaitement nets.

✔ Voir aussi *Dissolvant, Lime à ongles.*

Or

- Pour nettoyer des bijoux ou des objets en or, placez-les dans un récipient rempli d'eau chaude savonneuse.

Un quart d'heure plus tard, frottez-les délicatement avec une brosse à dents souple, puis rincez abondamment. Séchez-les avec un mouchoir avant de les faire briller à la peau de chamois.

- L'or retrouvera rapidement tout son éclat si vous laissez tremper vos bijoux dans du lait tiède environ 10 minutes. Rincez à l'eau froide puis séchez avec un chiffon.

Oranges

- Ne jetez plus les écorces d'orange, car vous pourrez en faire des fruits confits. Retirez la partie blanche des écorces, lavez-les et faites-les cuire dans du sirop de sucre. Découpez-les ensuite en petits dés et placez-les dans un bocal hermétique en attendant qu'elles agrémentent vos pâtisseries.
- Pour que les zestes d'orange que vous voulez intégrer à une marmelade ou à un gâteau perdent leur amertume, faites-les bouillir pendant 10 minutes avant de les ajouter à la préparation.
- Piquez des clous de girofle dans une orange pour fabriquer un pot-pourri maison à l'odeur subtile.

Oreiller

- Pour que les plumes ne transpercent plus votre oreiller, badigeonnez ce dernier avec un pinceau imprégné d'eau amidonnée (eau de cuisson de vos pommes de terre par exemple).
- Vous pouvez également frotter votre oreiller avec du savon sec. Les plumes ne viendront plus vous chatouiller les narines pendant la nuit.

Ornements de plat

Ces décorations sont faciles à réaliser et, disposées autour de vos plats, donnent à vos tables un petit air de fête.

• Enfoncez votre couteau jusqu'au centre d'un citron et découpez-le en zigzag. Après avoir séparé les deux parties et retiré les graines, décorez de persil haché.
• Pelez en spirale une fine bande de tomate. Enroulez-la, puis posez-la sur la table, elle s'ouvrira comme une rose.
• Vous pouvez encore couper un cornichon trois ou quatre fois dans le sens de la longueur pour en faire un éventail.

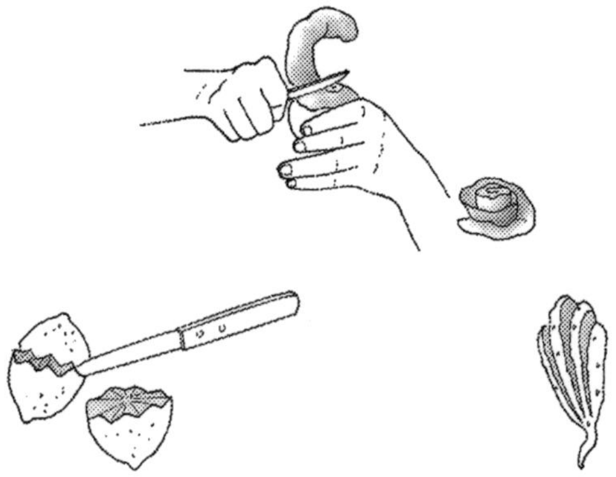

Os à moelle

• Afin que la moelle d'un os ne se détache pas en cours de cuisson, enfouissez 3 grains de gros sel de chaque côté de la moelle. Votre os à moelle restera également intact si vous l'enveloppez dans de la mousseline.

Ourlet

• Votre ourlet sera plus solide si vous cousez 3 ou 4 points les uns sur les autres tous les 10 centimètres.
• Faites disparaître la trace d'un ancien ourlet en l'imprégnant de savon sec. Repassez ensuite en intercalant du papier de soie entre le tissu et le fer.
• L'ourlet d'un voilage en fibre synthétique n'est pas toujours facile à réaliser, car il fronce au fur et à mesure

que l'on pique. Pour vous simplifier la tâche, cousez en même temps que l'ourlet une feuille de papier très fin. Vous n'aurez plus qu'à l'enlever une fois l'ouvrage réalisé.

• Faire un ourlet régulier sur un voilage qui a tendance à glisser n'est pas non plus chose aisée. Alors n'hésitez pas à tirer un fil sur toute la longueur de l'ourlet. Vous n'aurez plus qu'à suivre la trace qu'il aura laissée pour conduire votre ouvrage à terme sans plus de déviation incontrôlée.

P

Paella

• Afin que le riz ne colle plus à la poêle dont vous vous servez pour la paella, faites revenir un oignon dans de l'huile chaude jusqu'à ce qu'il brûle puis jetez cette mixture. Mettez à cuire aussitôt votre paella sans avoir ni rincé ni essuyé votre poêle.

Paillasson

• Bien qu'il soit le réceptacle de toutes les traces et de toutes les taches, le paillasson se nettoie très facilement. Saupoudrez-le de marc de café humide. Une fois que le marc est sec, frottez la surface énergiquement avec une brosse dure.

Paille

• La paille accroche facilement la poussière, et il n'est pas toujours facile de l'en déloger. Passez dans un premier temps votre sèche-cheveux (souffle le plus puissant), puis frottez la paille avec un coton imprégné de lait écrémé ou avec une brosse souple imbibée de jus de citron ou d'eau salée. Rincez ensuite à l'eau froide et essuyez soigneusement avec un chiffon sec.

✔ Voir aussi *Balai*.

Pain

- Pour couper du pain frais, trempez la lame de votre couteau dans de l'eau bouillante pendant 3 minutes. Vous obtiendrez ainsi des tranches parfaites.
- Le pain ne séchera plus si vous prenez la précaution de placer dans votre panière une pomme de terre crue épluchée.
- Le pain se conserve également si vous l'enfermez dans un sac en plastique percé de quelques trous ou dans un torchon.
- Pensez à utiliser vos restes de pain dur pour en faire de la chapelure en les passant au mixer.
- Si vous voulez à tout prix manger votre pain de la veille, redonnez-lui le goût de frais en le passant sous l'eau, puis quelques minutes au four, thermostat 6 ou 7.

Pantalon

✔ Voir *Bagages, Cintre, Délustrage, Faux plis, Plis de vêtements, Velours, Velours côtelé.*

Papier à lettres

- Pourquoi acheter du papier à lettres parfumé quand on peut soi-même l'imprégner de son essence préférée ? Versez quelques gouttes de parfum sur des feuilles de papier buvard. Laissez-les sécher avant de les intercaler dans votre bloc de papier à lettres. Votre destinataire n'aura même plus besoin de vous lire pour connaître l'auteur de la lettre !

Papier peint

- Les rouleaux de papier peint adhésif ont tendance à se rétracter lors de leur pose : cela crée alors de légers espaces entre les lés. Vous éviterez pareil inconvénient si vous les laissez 2 heures au réfrigérateur avant de commencer à travailler.

• Pour découper du papier plus facilement au-dessus d'une plinthe, servez-vous d'une spatule à enduire. Placez-la dans l'angle du mur et de la plinthe pour guider la lame du cutter.

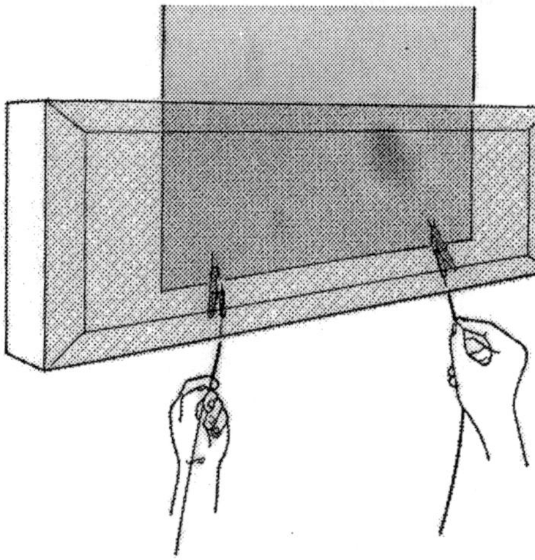

• Pour éviter de démonter les radiateurs lors de la pose du papier peint, fixez au bout du lé 2 pinces à linge auxquelles vous aurez accroché 2 morceaux de ficelle. Vous pouvez ainsi contrôler la descente du papier peint tandis que votre compagnon le guidera en tirant sur les 2 ficelles.
• Des cloques apparaissent souvent après la pose du papier peint. Pas d'inquiétude surtout si elles sont nombreuses. Elles disparaîtront d'elles-mêmes. Si elles sont de moyenne importance, percez-les avec une aiguille pour en chasser l'air et lissez avec une éponge. En revanche, si elles sont de grande taille, incisez-les en croix avec une lame de rasoir, puis encollez de nouveau les quatre coins dégagés.
• Des taches de moisissure sur du papier peint s'effacent avec de la mie de pain.
• Une tache de graisse toute fraîche disparaît si on la

recouvre aussitôt de talc ou de terre de Sommières. Dans la mesure où la tache est ancienne, utilisez un détachant à base de trichloréthylène que vous recouvrerez d'un peu de talc.
✔ Voir aussi *Décolleuse.*

Pare-brise

• La graisse et la boue qui s'attachent à votre pare-brise peuvent gêner la visibilité. Elles se dissiperont si vous frottez le pare-brise avec une moitié d'oignon.
✔ Voir aussi *Buée, Givre.*

Parfum

• Lorsque vous choisissez une nouvelle eau de toilette, prenez soin de l'essayer sur vous et non sur quelqu'un d'autre : chaque peau a en effet une acidité qui lui est propre, et le parfum peut virer différemment en fonction de celle-ci.
• Pour conserver le plus longtemps possible votre parfum sans qu'il ne tourne, il faut le placer dans un endroit frais et sombre, le réfrigérateur par exemple. Pensez également à toujours reboucher le flacon.
• Pour vous parfumer au mieux, diffusez surtout derrière les oreilles, au creux des seins et sur la partie interne des poignets. En revanche, évitez les vêtements fragiles, le visage et les cheveux, qui supportent mal l'alcool.
• Les traces de parfum sont difficiles à enlever, raison de plus pour éviter de les vaporiser. Vous pouvez toutefois essayer de frotter la tache avec de l'eau oxygénée s'il s'agit de coton blanc. Sur des tissus délicats comme la soie, tamponnez délicatement avec un peu d'alcool à brûler. Mais il semble qu'un passage chez le teinturier soit le remède le plus conseillé.
✔ Voir aussi *Entonnoir, Odeurs, Transvasement.*

Parquet

• Pour décaper un parquet efficacement, mélangez en quantités égales de l'essence de térébenthine et de l'eau de Javel. Passez cette solution sur le bois à l'aide d'une brosse souple et laissez sécher à l'air libre. Vous pourrez ensuite teinter votre parquet ou l'encaustiquer.
• S'il grince sous vos pas, versez un peu de talc dans les fentes des lames. Prenez soin d'en ôter aussitôt l'excédent avec un aspirateur ou un balai.
• Vous pouvez également, si vous êtes patient, faire fondre de la paraffine et, à l'aide d'une seringue la faire couler entre les lames.
✔ Voir aussi *Bois blanc, Bois ciré.*

Pastèque

• Déguster une pastèque à Noël, voilà un luxe désormais à la portée de tous ! En effet, vous pouvez la conserver d'une saison à l'autre si vous suivez cette petite astuce. Achetez des bandes de plâtre chez votre pharmacien. Après les avoir humidifiées, recouvrez-en complètement votre pastèque avant de la mettre à la cave. Le jour dit, cassez le plâtre et dégustez votre pastèque comme si vous l'aviez achetée le jour même.

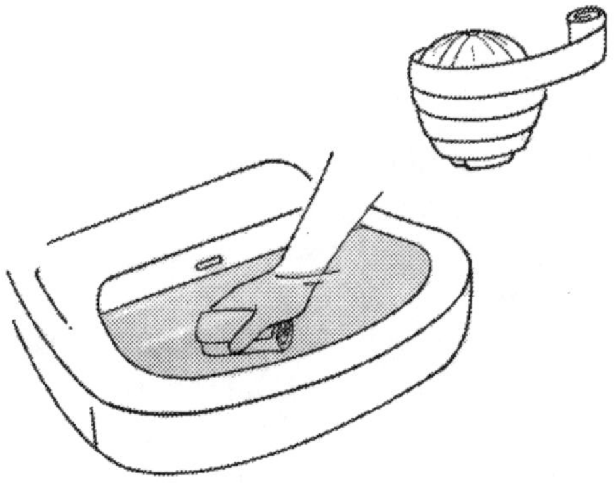

Pâte à modeler

• Si vos enfants sont passionnés de pâte à modeler et en usent abondamment, pourquoi ne pas en fabriquer vous-même ? Il suffit pour cela de mélanger 1 verre à moutarde de farine avec 1 verre de sel fin, et de verser de l'eau froide jusqu'à obtention d'une pâte ferme et élastique. Cette pâte à modeler économique est aussi pratique puisqu'elle se conserve, sans se dessécher, enveloppée dans de l'aluminium ménager et placée au réfrigérateur. De plus, elle n'est composée que de produits naturels : si votre enfant en absorbe accidentellement, il n'y a rien à craindre pour sa santé, seules les papilles s'en plaindront !

Pâte à tarte

• Laissez toujours reposer votre pâte à tarte avant de l'utiliser, elle sera plus craquante.
• Le secret d'une bonne pâte réside dans le fait que vous ne devez jamais la malaxer avec les mains chaudes.
• Disposez près de vous un bol rempli d'eau froide dans lequel vous tremperez vos doigts régulièrement tout au long de la préparation.
• Lorsque vous devez passer votre pâte au four sans garniture, n'oubliez pas de la piquer avec une fourchette sur toute la surface : cela l'empêchera, en effet, de gonfler et de se boursoufler.
• Il faut savoir également que si vous placez un récipient d'eau froide dans votre four, cela permettra d'humidifier l'atmosphère et de garantir à votre pâte tout le moelleux possible.

Pâte brisée

• Pour éviter qu'elle ne soit trop grasse, remplacez le beurre par un pot de yaourt et ajoutez un jaune d'œuf. Ce seront les meilleurs garants de la légèreté de votre pâte.
• Faites des pâtes à tartes en grande quantité et conge-

lez les par petits paquets, ainsi vous aurez toujours un dessert rapide sous la main.

Pâte feuilletée

• Elle demande en général soin et patience pour être réussie... et décourage ceux et celles qui ont une vie trépidante. Pourtant, il suffit simplement de mélanger 70 grammes de beurre, 130 grammes de farine et 3 petits-suisses pour réussir en un clin d'œil une pâte feuilletée délicieuse !

Pâtes alimentaires

• Pour les faire cuire sans les surveiller, jetez-les dans l'eau en pleine ébullition. Attendez le premier bouillon avant d'éteindre. Couvrez la casserole avec un torchon plié en deux et disposez par-dessus un couvercle. Laissez ainsi pendant une dizaine de minutes, vos pâtes cuiront toutes seules.
• Les pâtes doublent de volume en cuisant. N'oubliez pas ce détail, car si vous les mettez dans une marmite trop petite, elles auront tendance à coller, l'amidon ne pouvant se dissoudre.
• Pour éviter que l'eau de cuisson ne déborde et que vos pâtes ne collent, ajoutez 1 cuillerée d'huile.
• Si elles ont séjourné trop longtemps dans l'eau chaude, passez-les très rapidement sous un jet d'eau froide pour leur redonner un peu de fermeté.

Patine

• Pour donner une patine aux objets en plâtre, faites chauffer 2/3 de paraffine mélangée à 1/3 de cire colorée. Peignez toute la surface avec un pinceau trempé dans cette mixture, laissez sécher puis lustrez avec un chiffon doux. Votre objet aura pris la couleur tant recherchée de l'ancien.
• Pour patiner un objet en argent, frottez-le avec de l'eau de Javel, puis polissez avec votre produit habituel.

Paupières

• Pour éviter que vos paupières ne gonflent lorsque vous prenez un bain de soleil, appliquez un coton humecté d'eau de bleuet à renouveler toutes les heures pendant la durée d'exposition. Une infusion de camomille vous rendra les mêmes services.

• Si vous avez tendance à avoir les paupières congestionnées, pensez de temps en temps à vous allonger 30 minutes en prenant soin d'appliquer une rondelle de concombre sur votre œil fermé.

• Vous pouvez également vous faire des compresses de thé (attention à son pouvoir teintant) ou vous asperger d'eau très chaude puis très froide : cette douche écossaise réactive la circulation sanguine souvent à l'origine des congestions de la paupière.

• Pour le maquillage, voici quelques trucs bons à savoir : une paupière saillante doit utiliser des ombres foncées, et une paupière enfoncée, des ombres claires. Pensez à trancher : maquillez plutôt un œil vert avec une ombre grise qu'avec une ombre verte. Cela rehaussera votre couleur d'yeux au lieu de la ternir.

Peau

• Il y a certes de plus en plus de soins à faire et des règles d'hygiène à respecter. Mais le secret d'une belle peau réside d'abord dans sa parfaite hydratation. Il faut savoir que, contrairement à une croyance répandue, une bonne crème doit être grasse, c'est-à-dire plus chargée en graisse qu'en eau.

• Pour une peau de bébé, pensez à utiliser du lait d'amandes douces en absorbant le surplus de gras avec un coton doux.

• Si vous ne souhaitez pas dépenser une fortune en produits de beauté, voici un truc simple qui, s'il est fait quotidiennement, vous garantira un derme superbe. Enduisez-vous le visage et le cou de vaseline, puis humectez vos doigts d'eau minérale et massez afin que l'eau et la graisse se mélangent. N'hésitez pas à humecter vos doigts aussi souvent que nécessaire pendant la durée du massage (environ 3 minutes) et pensez à lisser vos traits du haut vers le bas et du nez aux oreilles. Pour finir, faites-vous une brumisation d'eau et séchez immédiatement en tamponnant avec un coton sec. Cette crème de nuit naturelle va, en quelques semaines, vous retendre les traits et lisser votre grain de peau de façon tout à fait appréciable.

✔ Voir aussi *Gommage, Nettoyage de peau, Savon, Transpiration.*

Peau de chamois

• Une peau de chamois très encrassée est toujours récupérable si vous la laissez tremper 3 heures dans 1/2 litre d'eau savonneuse additionnée d'une cuillerée à soupe de bicarbonate de soude (ou, à défaut, de sel). Frottez la peau à la main et faites-la sécher à l'ombre.
Fort utile pour le lustrage de vos meubles et objets, une peau de chamois peut toutefois être remplacée par un chiffon saupoudré de farine.

Pêche

• Ceux qui préfèrent déguster leur pêche sans la peau se faciliteront la vie en plongeant le fruit dans de l'eau bouillante pendant 5 secondes. Elle s'épluchera ainsi très facilement.

Peigne

• Vous avez trouvé celui qui vous permettait de réussir immanquablement votre coiffure. Mais avec le temps, cheveux et résidus capillaires se sont accumulés dans les interstices. Qu'à cela ne tienne : un bain dans de l'eau tiède additionnée de quelques gouttes d'ammoniaque le débarrasseront définitivement des saletés et poussières qui vous incommodaient tant au moment du coiffage.

Peinture

• Collez sous votre pot une assiette en plastique, elle recueillera ainsi les bavures et fera un bon support pour votre pinceau.
• Nous avons tous tendance à essorer notre pinceau au bord du pot, la peinture dégoulinant le long de ce dernier. Pensez, avant de commencer à peindre, à envelopper le pot dans du papier d'aluminium que vous jetterez ensuite.
• Un vieux fouet à pâtisserie fournira un bon outil pour battre la peinture avant utilisation.
• Pour rendre une laque plus fluide, chauffez-la au bain-marie.
• Un vieux bas nylon vous servira de filtre.
• Pensez à protéger vos vitres de la peinture en les frottant avec une moitié d'oignon ou de la glycérine.
• De l'huile camphrée éloignera les insectes qui pourraient venir se poser sur de la peinture fraîche.
• Un peu de bicarbonate de soude, mélangé à votre pot de peinture, prolongera son existence.

• Deux cuillerées d'extrait de vanille, mélangée à la peinture laisseront une odeur plaisante sur vos murs.
• Des récipients emplis de lait supprimeront les odeurs de peinture dans une pièce.
• Les taches de peinture fraîche à l'huile ou à l'eau sur du tissu seront supprimées en les frottant avec de l'essence de térébenthine.
• Si la tache est plus ancienne, laissez-la tremper dans l'eau savonneuse pendant 3 heures. Grattez la peinture avec un couteau et passez de l'essence de térébenthine.
• Votre nettoyant à four fera des miracles sur une tache de peinture fraîche sur le plancher.
✔ Voir aussi *Lessivage, Ongles, Pinceau, Pot de peinture, Rouleau de peinture, Travaux de peinture, Vitres.*

Pelage

• Si vous mettez une noix de beurre dans la pâtée de votre chat, cela lui donnera un pelage brillant et touffu.
• Quant aux poils du chien, ils redeviendront luisants si vous intégrez un peu de persil haché ou un jaune d'œuf à la pâtée de votre animal.

Pellicules

• Il n'existe pas de remède miracle, du moins avec des produits naturels, pour éviter la formation de ces résidus cutanés.
Néanmoins vous pouvez éviter les désagréments inesthétiques qu'elles causent en procédant à un gommage du cuir chevelu. Saupoudrez généreusement vos cheveux avec du sel fin et massez énergiquement les racines pendant 5 minutes.
Passez ensuite un peigne pour ôter le plus gros des pellicules, puis lavez-vous la tête avec votre shampooing habituel.
• L'aspirine effervescente en rinçage produit également de bons effets.

Pelotes de laine

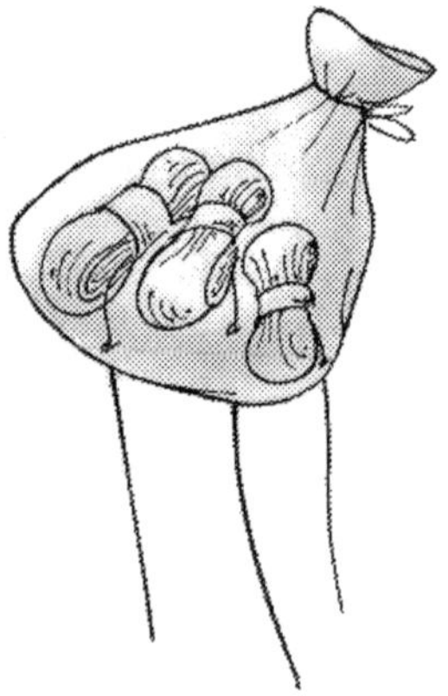

• Tricoter un pull de différentes couleurs n'est pas toujours très pratique, car les pelotes ont tendance à s'emmêler.
Pour remédier à cet inconvénient, enfermez vos pelotes de laine dans un sac en plastique percé de trous et faites passer dans chacun d'eux le fil d'une pelote.
Vous voilà désormais bien équipé pour travailler.

Pelouse

• Une pelouse coupée à ras pompe beaucoup moins d'eau qu'une pelouse haute. Alors n'hésitez pas à la tondre en période de sécheresse ou avant de partir en vacances. Elle résistera beaucoup mieux aux conditions climatiques.
• Vous rendrez votre pelouse plus verte et plus drue si vous la recouvrez d'une couche de un centimètre d'épaisseur de terreau étalé au râteau. Cela lui permettra, en effet, de développer de nouvelles pousses.

Perce-oreilles

• Ils adorent se nicher dans les endroits les plus obscurs et les plus frais de vos pièces. Vous vous en débarrasserez en plaçant dans leurs coins favoris un petit tas de morceaux de paille d'une dizaine de centimètres. Les perce-oreilles iront s'y réfugier, et il vous suffira le lendemain matin d'enlever la paille pour éliminer en même temps les insectes.

Perceuse

• Comment percer un trou avec une extrême précision ? Utilisez une bobine en bois de couturière dont le trou correspond au diamètre de votre mèche. Placez la bobine sur l'endroit à percer et maintenez-la tout en présentant la mèche dans le trou. La bobine servira ainsi de conduit et de support à votre perceuse.

• Lorsque vous devez effectuer des trous tous à la même profondeur, l'ouvrage n'est pas des plus simples. Il le deviendra pourtant avec cette méthode : couvrez la partie de la mèche qui ne doit pas être enfoncée avec un morceau de ruban adhésif. De cette manière, vous saurez exactement où vous arrêter.
Ce système est particulièrement conseillé pour des trous réalisés dans le béton.

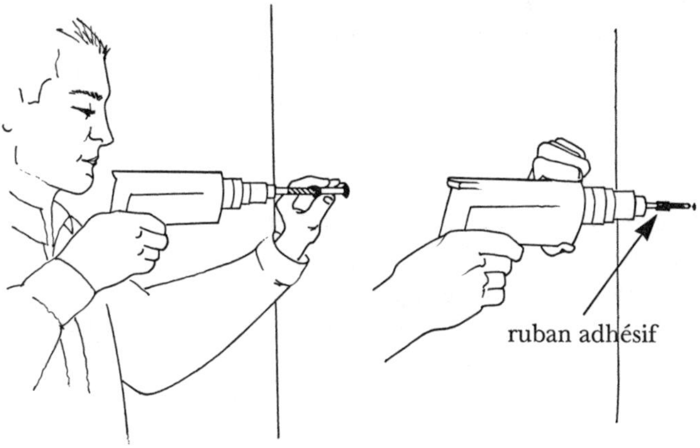

Perles

• Vous reconnaîtrez une perle authentique d'une fausse en la passant sous la flamme d'un briquet. La fine pellicule de plastique qui recouvre la perle fausse fondra au contact de la chaleur tandis que la véritable perle restera intacte.

• Les perles, matières vivantes, peuvent mourir si vous ne prenez pas quelques précautions. Ne vaporisez jamais de parfum sur elles et maintenez-les le plus souvent possible en contact avec la peau.
Cela n'empêche pas toutefois que certaines peaux trop acides noircissent et tuent les perles. Si c'est votre cas, renoncez à en porter, car il n'y a pas de remède.

Persil

• Des branches de persil fraîchement cueillies se conserveront 5 jours sans sécher si vous prenez la précaution de les plonger, la tête en bas, dans un verre d'eau que vous placerez au réfrigérateur.
• Le persil haché et séché se congèle fort bien.
✔ Voir aussi *Fondue bourguignonne, Friture.*

Petits pois

• On les consomme de plus en plus souvent surgelés. Si c'est votre cas, rincez-les longuement à l'eau tiède et ajoutez un sucre à leur eau de cuisson. On jurera qu'ils viennent d'être cueillis !
• Pour des petits pois en conserve, rincez-les au jus de citron afin de leur enlever un éventuel goût de fer-blanc.
• Une poignée de menthe dans l'eau de cuisson leur conférera une saveur originale.
• Si vous les voulez bien verts comme en Angleterre, ne les couvrez pas pendant la cuisson, et ajoutez un peu de bicarbonate de soude dans l'eau.

Photographies

• Des photographies qui ne sont pas bien protégées par un cadre ont tendance à jaunir plus vite et à accrocher facilement la poussière. Pour les préserver d'un vieillissement prématuré, frottez-les régulièrement avec un coton imprégné d'alcool à 90 degrés.

Piano

• Pour blanchir des touches de piano, frottez-les avec du jus de citron, du lait, ou de l'eau oxygénée.

Pieds

• Les pieds s'entretiennent au quotidien, au même titre que toute autre partie du corps. Si vous souffrez des pieds, évitez de porter des chaussettes en nylon (choisissez plutôt du coton ou de la laine) et faites-vous tous les soirs des bains d'eau chaude salée (6 cuillerées à soupe de sel fin pour 1 litre d'eau plus un peu de sel d'alun). Dans tous les cas, séchez-les très soigneusement, car l'humidité et la transpiration contribuent à la formation de champignons, notamment entre les orteils.

• Enfin, si vous souhaitez leur accorder une attention toute particulière, faites macérer une poignée de feuilles de millepertuis dans 1/4 de litre d'huile d'olive pendant 15 jours. Filtrez et massez-vous avec la solution obtenue. En quelques jours, vos pieds seront lisses et votre peau adoucie.

• Massez-les avec de la vaseline à laquelle vous aurez ajouté de l'alcool camphré

✔ Voir aussi *Corne (pied), Cors, Dissolvant, Ongle incarné, Ongles, Vernis à ongles.*

Pile électrique

• Une pile électrique prête à s'éteindre retrouvera soudain un regain d'énergie si vous la déposez 5 minutes sur une source de chaleur douce, un radiateur au gaz par exemple.

✔ Voir aussi *Lampe de poche.*

Pinceau

• Un pinceau neuf se gardera plus longtemps si, avant de vous en servir, vous le plongez dans un bain d'huile de lin pendant 30 minutes.

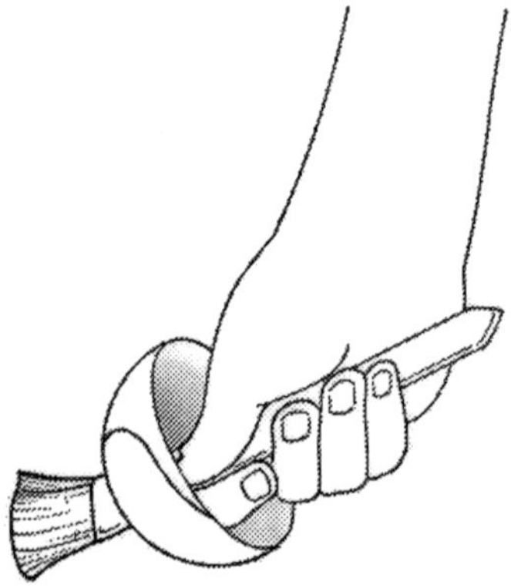

• Pour éviter les coulures de peinture sur le manche de votre pinceau et sur les mains, employez cette astuce : coupez en deux une vieille balle de tennis. Faites un trou au cutter du diamètre du manche. Enfilez-la le long du manche, la partie concave tournée vers les poils du pinceau. Cette moitié de balle servira ainsi de bouclier contre toutes les éclaboussures.

• Afin que le pinceau conserve sa souplesse après utilisation, nettoyez-le avec un solvant classique puis lavez-le à l'eau tiède et au savon de Marseille.

• S'il reste un peu de peinture sèche sur vos pinceaux après un mauvais nettoyage, faites-les tremper dans du vinaigre bouillant pendant deux heures. Ils retrouveront ainsi toute leur souplesse.

Pipe

• Pour retirer le dépôt noir incrusté dans le fourneau de votre pipe, imprégnez un Coton-Tige d'huile d'olive et frottez la surface du fourneau. Il sera ainsi purifié.

Piqûre

• Lorsque vous êtes piqué par une guêpe ou une abeille, deux solutions se présentent à vous. Si l'insecte a laissé son dard, enlevez l'aiguillon avant de passer du savon de Marseille sur la peau. Il désinfecte et atténue la douleur.

• Si, en revanche, l'insecte n'a pas laissé de dard, allumez une cigarette et approchez-la le plus près possible de la piqûre, en évitant naturellement de toucher la peau. L'enflure et la douleur disparaîtront aussitôt. Dans les deux cas, il vous est également possible d'aspirer la piqûre avec la bouche ou avec une seringue (vendue en pharmacie) et de rejeter aussitôt le venin.

• L'urine et l'eau de Javel aident à faire passer la douleur.

• Les piqûres de puce sont fort désagréables. Pour désinfecter et apaiser la démangeaison, frottez la peau avec du persil frais, une feuille de chou fraîche ou encore du jus d'oignon.

• Les piqûres de moustique se calment et désenflent immédiatement si vous frottez la peau avec du persil haché, une moitié d'oignon ou bien du savon de Marseille.

Placage

• Un placage de meuble de cuisine en contreplaqué peut se soulever ou se gondoler à certains endroits sous l'effet de l'humidité. Pour le remettre en place, posez sur la partie à rénover un linge humide (de préférence un tissu de soie), et appliquez par-dessus un fer à repasser chaud. La colle va fondre et en refroidissant maintiendra de nouveau le placage. Pensez toutefois à exercer une pression sur ce dernier de façon à garantir le résultat.

Plantation

• Afin de prolonger la floraison de vos plantes vivaces et d'avoir par la même occasion des plantes bien ramifiées, suivez ce conseil : lorsque certaines tiges ont atteint 10 centimètres, pratiquez une fente avec votre ongle sur 3 centimètres à partir de la base de la tige. La sève sera détournée pour permettre l'apparition de nouvelles pousses redonnant vie à votre jardin. (*Voir illustration page suivante.*)

• D'une manière générale, vous devrez supprimer les corolles fanées et arroser exclusivement les pieds de vos plantes pour prolonger leur floraison.

Plantes d'appartement

✔ Voir *Arrosage, Engrais, Feuilles, Vers de terre.*

Plastique

• On hésite souvent à coudre du plastique avec une machine de peur que son aiguille ne casse sous la pression. Or, il est tout à fait possible de réaliser pareil ouvrage si l'on prend soin d'intercaler le plastique entre deux feuilles de papier fin. Placez l'ensemble sous le pied-de-biche et l'aiguille défilera sans accroc. Il ne vous restera plus ensuite qu'à enlever le papier.

Plat

• Pour faire refroidir un plat en un temps record, plongez-le dans un récipient contenant 3 centimètres d'eau additionnée de 5 glaçons et d'une poignée de sel.

✔ Voir aussi *Bois ciré.*

Plâtre

- Le principal inconvénient du plâtre est de sécher rapidement, ce qui ne facilite pas toujours le travail. Il faut savoir que vous pouvez en retarder la prise en employant l'un ou l'autre de ces deux procédés : mélanger en quantités égales de la bière et de l'eau ou utiliser de la colle à papier plutôt que de l'eau pour délayer le plâtre.
- Si vous n'avez qu'un raccord de plâtre à exécuter, prenez le soin d'humidifier l'emplacement avant d'appliquer le plâtre frais. Il adhérera beaucoup mieux.
- Une trace de plâtre sur du carrelage, du bois, de la moquette ou du tissu s'effacera systématiquement si vous la frottez avec un chiffon imprégné de vinaigre chaud.

✔ Voir aussi *Moulage, Patine.*

Plexiglas

- Pour lui redonner tout son brillant, nettoyez-le avec un coton imbibé de crème à récurer pour inox, puis lustrez avec un chiffon sec.
- S'il est rayé, frottez-le délicatement avec un coton imprégné de dentifrice. Rincez et séchez avec une peau de chamois. Il retrouvera ainsi toute sa transparence.

Plis de vêtement

- Pour que les plis d'un pantalon restent marqués plus longtemps, prenez l'habitude de passer du savon de Marseille sec sur l'envers du pantalon au niveau du pli. Repassez ensuite à l'endroit. Le savon jouera le rôle d'amidon.

✔ Voir aussi *Faux plis.*

Poils

- Les chats et les chiens perdent souvent leurs poils dans toute la maison et il n'est pas toujours aisé de les en faire partir. Servez-vous alors d'une éponge légèrement humidifiée ou d'une brosse glissée à l'intérieur d'un vieux bas de nylon.

• Le résultat est tout aussi étonnant avec cet autre procédé : enfilez un gant de caoutchouc et passez-le plusieurs fois sur le tapis, la moquette ou un vêtement, toujours dans le même sens. Les poils s'amassent en touffe et sont donc plus faciles à retirer.

Poireaux

• Il n'est pas toujours facile d'éliminer le sable ou les gravillons du cœur des poireaux. Vous obtiendrez d'excellents résultats de la manière suivante : coupez la partie verte du poireau et laissez-la tremper dans de l'eau chaude. La chaleur fera « friser » le poireau, et, au bout de 5 minutes, la saleté emprisonnée se détachera toute seule !

✔ Voir aussi *Semis.*

Poires

• Vous conserverez vos poires plus longtemps si vous les disposez dans un plat, le pédoncule dirigé vers le haut.

✔ Voir aussi *Fruits.*

Poisson

• Comment fariner le poisson sans en mettre partout, sur les mains et les ustensiles ? Il suffit de le glisser dans un sac plastique à l'intérieur duquel vous aurez mis de la farine. Fermez le sac avec une ficelle et secouez. Votre poisson sera parfaitement fariné de tous les côtés.

• Pour que le poisson conserve sa fraîcheur pendant 3 jours maximum, trempez un torchon dans 1/2 litre de vinaigre additionné de deux morceaux de sucre et essorez-le. Recouvrez votre poisson de gros sel sur toutes ses faces et enveloppez-le dans le torchon jusqu'au moment de le préparer.

• Les poissons cuits sur un gril ne se dessécheront pas si, pendant la cuisson, vous les badigeonnez plusieurs fois avec un pinceau plat trempé dans de l'huile de table ou mieux encore avec un petit bouquet de thym également trempé dans l'huile.

✔ Voir aussi *Friture, Truites.*

Poisson rouge

Un poisson rouge réclame quelques soins essentiels, sans quoi il pourrait vous fausser compagnie !

• Il est indispensable de changer son eau 2 fois par semaine en la mélangeant avec une eau que vous aurez laissé croupir 3 ou 4 jours, pour la débarrasser de son chlore.

• Enfin, tenez compte de cette dernière précaution : évitez surtout de donner de la mie de pain à votre poisson, il pourrait s'étouffer.

✔ Voir aussi *aquarium.*

Poivrons

• Afin d'enlever plus facilement la peau des poivrons, mettez-les au four (thermostat maximum) en les retournant de temps en temps jusqu'à ce que la peau commence à boursoufler.

Laissez refroidir 30 minutes dans une boîte hermétique et la peau se retirera d'elle-même.

Pommes

• À l'inverse des poires, les pommes se conservent le pédoncule dirigé vers le bas.

• Elles passeront tout l'hiver sans flétrir si vous prenez bien la précaution de les enduire légèrement de glycérine. Mais n'oubliez pas de les rincer soigneusement avant de les consommer !

Pommes au four

• Pour qu'elles restent entières et ne s'écrasent pas en cuisant, suivez ces deux conseils : pratiquez une incision circulaire avec un couteau sur tout leur pourtour et frottez-les délicatement avec de l'huile de table avant de les enfourner.

Pommes de terre

• Vinaigrez l'eau de cuisson pour qu'elles restent blanches.

• Elles sont devenues molles, sans tenue et difficiles à éplucher. Que faire ? Elles redeviendront fermes et prêtes à cuire si vous les plongez 1 à 2 minutes dans de l'eau chaude, puis dans de l'eau froide.

• Pour les éplucher facilement à cru, plongez-les quelques minutes dans de l'eau bouillante.

• Pour éviter que les pommes de terre ne se défassent pendant la cuisson, piquez-les avec une fourchette et ajoutez, à leur eau encore froide, une poignée de gros sel (pour 1 kg de pommes de terre). Elles resteront entières.

✔ Voir aussi *Germination, Légumes, Légumes gelés, Salade de pommes de terre.*

Pommes de terre à la braise

• Il ne faut pas être pressé pour faire cuire des pommes de terre à la braise. Pour ceux qui n'ont pas toujours le temps, sachez que vous pouvez réduire leur cuisson de 15 minutes en plaçant un clou dans chaque pomme de terre avant de la couvrir d'aluminium ménager. Le clou est, en effet, conducteur de chaleur. Évitez de trop l'enfoncer, car vous auriez du mal à le retirer. Cette astuce est également valable pour des pommes de terre cuites au four.

Ponçage

- Le papier de verre se jette souvent après un premier ponçage. Vous vous en servirez plusieurs fois de suite si vous pensez à l'humecter d'un peu d'eau sur l'envers.
- Il faut savoir aussi que le ponçage sera facilité si vous humidifiez le bois juste avant de commencer votre ouvrage.

Porcelaine

- La porcelaine fine est particulièrement fragile et doit être traitée avec ménagement. Pensez à ajouter un filet de jus de citron à son eau de lavage. Cela ravivera ses couleurs.
- Si les traces de cigarette dans un cendrier résistent au nettoyage traditionnel, frottez-les avec un bouchon de liège trempé dans de l'eau salée. Elles s'effaceront devant ce remède efficace !
- Pour éviter la casse, faites votre vaisselle dans un bac en plastique.
- Lors du rangement par piles, glissez un morceau de papier absorbant ou une assiette en plastique entre chaque pièce.

✔ Voir aussi *Assiette.*

Porte

• Si votre porte en bois frotte contre les montants, vous devez la raboter.
Encore faut-il savoir quelles sont les parties responsables du frottement : passez de la craie sur la tranche incriminée puis refermez votre porte et ouvrez-la de nouveau. Les traces de craie qui auront disparu au contact des montants vous indiqueront les endroits à raboter.

Potage

✔ Voir *Soupe.*

Pot-au-feu

• Si vous voulez réussir votre pot-au-feu, frictionnez chaque morceau de viande avec du gros sel. Laissez-les ensuite reposer 24 heures au réfrigérateur de façon que la viande rende tout son sang. Rincez-la et faites cuire votre pot-au-feu comme d'habitude en prenant soin de ne pas saler.

• Un bon pot-au-feu doit cuire très longtemps. Si vous avez arrêté la cuisson avant qu'il ne soit à point, ajoutez 2 cuillerées à café d'eau-de-vie au bouillon et remettez sur le feu pendant 2 minutes. La viande et les légumes seront parfaits.

• De l'anis étoilé et une peu de gingembre relèveront agréablement votre bouillon.

✔ Voir aussi *Bouillon.*

Poteries

• Pour raviver l'éclat du vernis qui protège vos poteries peintes, badigeonnez la surface de colle à l'eau avec un pinceau épais, puis rincez abondamment et soigneusement jusqu'à ce que toutes les traces de colle disparaissent. Essuyez ensuite avec un chiffon sec.

Poudre de riz

• Elle est le complément indispensable à tout maquillage, car elle rend le teint mat et velouté. Pour l'appliquer au mieux, préférez un pinceau à maquillage plutôt que la traditionnelle houppette : plus facile à manier, le pinceau vous permettra d'éviter les paquets.

• N'hésitez pas à faire des mélanges de plusieurs teintes, notamment si vous avez des rougeurs. Utilisez des poudres de couleur verte qui cachent miraculeusement dartres et couperose. Si vous n'en avez pas, remplacez-les par un fard à paupières vert clair, à condition qu'il ne soit pas trop pailleté.

Pour procéder, appliquez une première couche aux endroits où la peau présente des imperfections, puis passez une seconde couche d'une autre couleur sur l'ensemble du visage pour unifier le teint. Faites enfin une légère brumisation d'eau minérale pour que la poudre de riz tienne toute la journée.

• Pensez également à poudrer légèrement votre cou et toute autre partie du corps découverte (selon votre tenue, gorge, bras, épaules).

Poulet

• La peau de votre poulet sera dorée et croustillante à souhait si vous l'enduisez de beurre et si vous la saupoudrez légèrement de farine juste avant la cuisson.

Poulpes

• Pour attendrir des poulpes, mettez un bouchon de liège dans leur eau de cuisson. Aussi bizarre que cela paraisse, ils seront très fondants.

Poussière

• Un chiffon légèrement humidifié évitera que la poussière ne se soulève lorsque vous le passerez sur les meubles.

• Vous pouvez aussi humecter le chiffon avec de la glycérine. Il aura pour effet de retenir la poussière plus facilement et de faire briller vos meubles.

✔ Voir aussi *Bouche d'aération.*

Pucerons

• Ce sont les rosiers qu'ils aiment par-dessus tout. Alors pour éviter qu'ils ne s'y attaquent, faites macérer pendant 12 heures un paquet de tabac dans 10 litres d'eau, puis pulvérisez le liquide sur les feuilles et les tiges.

• Vous pouvez également faire macérer une poignée d'orties dans 1 litre d'eau pendant 3 jours au soleil et arroser vos rosiers avec la décoction obtenue.

• Pour détruire les pucerons qui se sont logés dans les

écorces des arbres (pommiers, poiriers, pêchers, notamment), badigeonnez les troncs avec de l'alcool à brûler. Faites-le dans le courant de l'hiver, par temps froid. Les larves seront détruites et vous n'aurez plus de fruits véreux.

Puces

- Elles adorent se loger dans le pelage des chiens et des chats. Mais ce qu'elles détestent par-dessus tout, c'est l'eau. Alors n'hésitez pas à faire prendre un bain à vos bêtes. Les puces s'y noieront.
- Vous pouvez aussi superposer plusieurs feuilles de menthe de façon à en faire un tampon et en frotter le poil de votre animal. L'odeur qui s'en dégagera les fera fuir.
- La fougère séchée placée dans la niche de votre chien empêchera les puces de s'y réfugier.
- Si les puces ont envahi votre literie, glissez sous le matelas et dans la taie d'oreiller une bonne dizaine de feuilles de lavande ou de menthe.

✔ Voir aussi *Piqûre.*

Punaises

- Ces insectes se nichent dans les boiseries. Pour les en déloger tout en désinfectant les surfaces, faites infuser 10 feuilles d'absinthe dans 1 litre d'eau chaude pendant 15 minutes et badigeonnez les boiseries avec cette solution. Après ce traitement aucune odeur désagréable ne viendra plus vous importuner.

Purée

- Si vous ne pouvez pas servir votre purée juste après l'avoir préparée, vous la maintiendrez chaude en la plaçant au bain-marie. Ajoutez en plus un filet de lait à la surface pour éviter qu'elle ne se dessèche.

Purge de chats

• Les chats en ville n'ont pas toujours l'occasion de se purger en mangeant de l'herbe : le yaourt une fois par semaine est un remède souverain, d'autant plus appréciable que les félins en raffolent.

R

Radiateur

• Pour économiser de l'énergie tout en augmentant la chaleur diffusée par un radiateur de chauffage central, disposez une feuille de papier d'aluminium ménager entre le mur et le radiateur. Vous la maintiendrez avec du ruban adhésif.

Radis

• Pour conserver vos radis plusieurs jours, immergez uniquement leurs fanes dans de l'eau froide. Le radis ne doit pas être en contact avec l'eau. Vous changerez celle-ci quotidiennement.

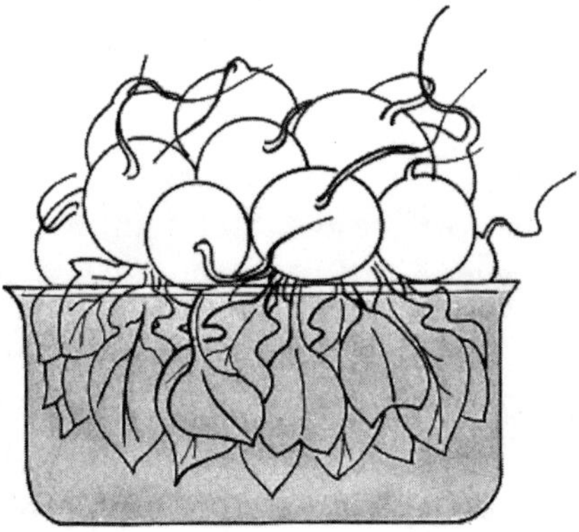

• Lorsque les radis se sont un peu ramollis, faites-les tremper 30 minutes dans de l'eau glacée. Ils redeviendront croquants à souhait. Si vous les incisez en croix, ils s'ouvriront comme des fleurs et fourniront une entrée aussi belle que bonne.

Radis noir

• Pour le rendre moins piquant, coupez-le en fines tranches que vous laisserez tremper dans de l'eau salée pendant 1 heure.

Raisin

• Votre raisin se gardera 15 jours si vous l'enveloppez dans un torchon et que vous le placez au réfrigérateur.
• Pour conserver des grappes de raisin pendant 1 mois, placez-les dans une boîte en bois en les enfouissant sous une épaisse couche de sciure. Prenez soin de fermer hermétiquement la boîte.

Raisins secs

• Ils seront plus moelleux si vous les enveloppez dans un linge humide toute une nuit. Faites-les ensuite baigner dans un peu d'huile de table et, après les avoir égouttés soigneusement, intégrez-les à la préparation.
• N'oubliez pas également de les recouvrir de sucre glace afin qu'ils ne tombent pas au fond du moule pendant la cuisson de vos cakes et gâteaux.

Rangement

• Les ateliers sont souvent encombrés et les étagères surchargées d'outils. Gagner de la place devient alors primordial. Pour ce faire, rangez tous vos boulons, vis, clous, écrous dans des bocaux (bocaux de confiture par exemple). Vissez leur couvercle sous vos rayons sans oublier de placer une rondelle de blocage sous la tête de chaque vis. Elle permet au couvercle de rester immobile à chaque fois que vous ouvrez le bocal.

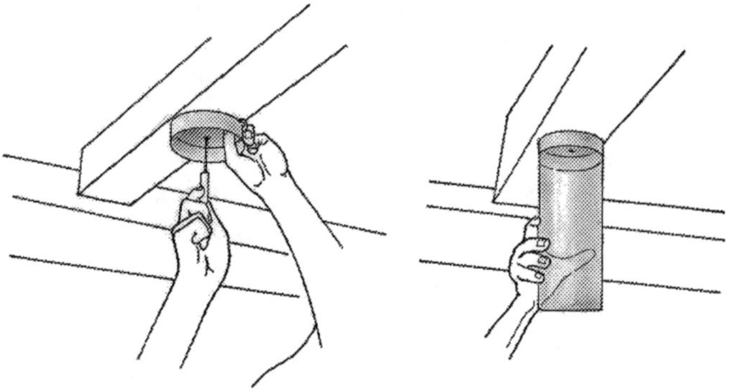

Râteau

• Pour éviter que votre râteau ne s'accroche aux herbes et n'entame votre gazon, enfoncez ses pointes dans des bouchons de champagne. En glissant sur leur tête ronde, le râteau survolera alors la pelouse tout en ramassant les déchets.

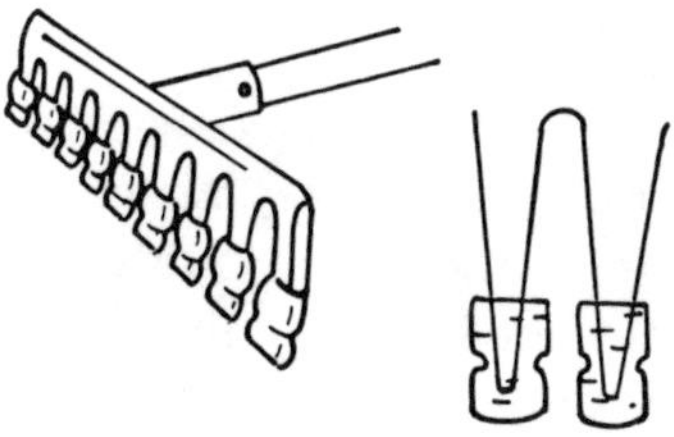

Réfrigérateur

• Vous éviterez les mauvaises odeurs en suspendant un morceau de charbon de bois dans votre réfrigérateur. Enfermez-le dans un filet (filet à échalotes par exemple) que vous attacherez à une clayette.

• Si les mauvaises odeurs ont déjà imprégné votre réfrigérateur, placez à l'intérieur un morceau de pain rassis ou un bol de marc de café. Dans le cas d'odeurs tenaces, un simple caramel bouillant (5 sucres pour 1 cuillerée à café d'eau) ou un bol de vinaigre d'alcool chaud suffira à les éliminer.

- Pour le nettoyage, pas de poudre trop astringente, mais de l'eau tiède et du bicarbonate de soude.

Reliure

- Une reliure ancienne mérite quelques ménagements. Mélangez 1 jaune d'œuf à un demi-verre à moutarde d'alcool à 90 degrés. Appliquez cette solution sur la reliure avec un chiffon et frottez. La reliure retrouvera ainsi toute sa fraîcheur.
- Pour lui redonner la patine qui lui fait défaut, préparez cette recette : ajoutez 5 gouttes de vinaigre à 1 blanc d'œuf battu en neige. Passez cette mixture sur toute la surface à l'aide d'un morceau de coton. Laissez sécher et faites briller.
- Vos reliures neuves sont en revanche plus simples à entretenir. Un chiffon imprégné de cire d'abeille, passé régulièrement, fera amplement l'affaire.

Rempotage

- Le rempotage de vos plantes nécessite quelques précautions. Avant de rempoter, laissez tremper toute la nuit dans l'eau froide le pot que vous destinez à vos plantations afin que la terre cuite se gorge d'eau.
- Une plante rempotée doit être arrosée généreusement au pied avant d'être placée dans un endroit ombragé et frais. Elle regagnera sa place initiale au bout de 4 jours.
- Enfin, évitez de mettre de l'engrais dans les 4 semaines qui suivent son rempotage.

Repassage

- Vous repasserez plus facilement votre linge, si vous l'humectez avec de l'eau chaude avant de le rouler en boule. Repasser ensuite devient une vraie partie de plaisir !

- Des traces jaunes sur votre linge peuvent apparaître lorsque votre fer est trop chaud ou lorsque la semelle est encrassée. Vous les éliminerez en les frottant avec de l'eau chaude additionnée d'eau oxygénée (10 gouttes pour 1/2 litre d'eau).

N'oubliez pas ensuite de rincer.

- Un moment d'inattention et voilà votre tissu roussi ! Vous rattraperez l'erreur en frottant les traces avec un sucre très légèrement imbibé d'eau. Lavez ensuite au savon, comme d'habitude.
- Un peu d'essence de lavande ou d'essence de cèdre dans votre réservoir à eau conférera à votre linge une odeur de frais très agréable.

✔ Voir aussi *Fer à repasser, Fer à vapeur.*

Reproduction

- Pour reproduire une image imprimée, une photo de magazine par exemple, tamponnez-la entièrement d'essence avec un coton et appliquez-la, face cachée, sur une feuille de papier blanc. Appuyez légèrement sur la surface tout en frottant avec un chiffon.

Résine

- Une tache de résine sur du tissu de couleur s'enlèvera facilement si vous la frottez avec un tampon imprégné d'essence de térébenthine. Sur de la laine, saupoudrez l'envers du tissu avec du talc. Puis frottez la tache avec un mélange constitué en parts égales d'essence de térébenthine et d'alcool à 90 degrés. Sur un tissu délicat, humectez la tache avec de l'alcool à 90 degrés et de l'éther, en quantités égales. La tache disparaîtra sans que vous ayez besoin de frotter.

Rétroviseur

• S'il est possible de basculer le rétroviseur intérieur en position nuit, pour éviter d'être ébloui par les phares des automobiles, il n'en est pas de même avec le rétroviseur extérieur. Il suffit pourtant de découper le pied d'un collant de nylon usagé. Enfilez-le sur le rétroviseur et maintenez-le à son extrémité avec un élastique. Vous verrez les véhicules vous suivre sans pourtant être aveuglé.

Réveil

• Si les aiguilles fluorescentes de votre réveil ont perdu de leur clarté, vous leur donnerez un regain d'énergie en plaçant la face de votre réveil sous une lampe électrique de 40 ou 60 watts pendant une dizaine de secondes. Renouvelez l'opération autant de fois que cela s'imposera.

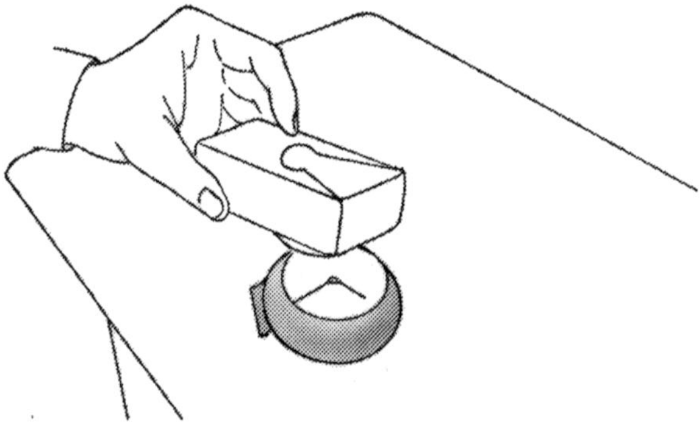

• Si le tic-tac vous incommode, mettez votre réveil sous cloche (bocal de confiture, saladier, verre etc.) ou placez une bande de feutre à l'intérieur pour éviter l'effet de résonance.

Revêtement

• Lorsque vous collez des lames de parquet sur un sol, cela peut engendrer des jeux entre les plaques. Mélan-

gez dans un récipient 1/3 de colle à bois, 2/3 d'eau et une dizaine de gouttes de lessive liquide. Faites alors couler entre les lames la solution obtenue.
Dès le lendemain, elles cesseront de bouger, puisqu'elles seront collées les unes aux autres.

Rhubarbe

• Vous supprimerez toute acidité en mettant les morceaux de rhubarbe à tremper 40 minutes dans de l'eau froide additionnée d'une cuillerée à café de bicarbonate de soude.
Faites cuire ensuite sans ajouter trop de sucre, car la rhubarbe, après ce traitement, aura une douceur sans égale.

Rideau de douche

• Enduire votre rideau de douche d'une fine couche d'encaustique à l'aide d'un chiffon bien sec évitera qu'il ne s'encrasse sans cesse au contact de l'eau savonneuse.

Riz

• Le riz ne collera plus en cuisant si vous prenez la précaution de le passer sous l'eau chaude avant de le verser dans l'eau bouillante.
• Pour avoir du riz bien blanc, songez à ajouter dans son eau de cuisson une dizaine de gouttes de citron.
• Si vous devez attendre avant de servir le riz, placez-le au four (thermostat 3) dans un récipient muni d'un couvercle et remuez-le de temps en temps. Ainsi, il ne séchera pas.

Riz au lait

• Le riz au lait a tendance à être légèrement collant. Vous le rendrez beaucoup plus onctueux et léger si vous incorporez à la fin de la préparation 1 blanc d'œuf battu en neige (pour 4 personnes). Contre toute attente, il ne faut jamais sucrer du riz au lait avant de l'enfourner. Cela l'empêcherait en effet de cuire. Faites-le une fois qu'il est prêt à être consommé.

Robinetterie

- Pour faire briller vos robinets, saupoudrez-les de farine et frottez-les avec un collant de nylon usagé. Vous constaterez avec étonnement l'efficacité de ce procédé.

✔ Voir aussi *Fuite.*

Roquefort

- Utilisez les restes de roquefort en les écrasant et en les ajoutant à une vinaigrette.
- Proposez à vos invités de déguster le roquefort ou tout autre fromage bleu avec un vieux Porto ou un Maury (vin de Rivesaltes).

Roseaux

- Ces plantes aquatiques composent généralement de superbes bouquets. Malheureusement leurs fleurs ont tendance à éclater et à se dévider. Vous empêcherez donc votre bouquet de se dégarnir si vous prenez soin de badigeonner les fleurs avec du vernis incolore ou de les vaporiser avec de la laque à cheveux.

Roses

- Pour que les roses durent plus longtemps, il faut leur brûler l'extrémité de la tige à la flamme d'un briquet jusqu'à ce qu'elle soit bien rouge. Trempez-la aussitôt dans de l'eau froide de façon à former du charbon de bois, excellent engrais.
- L'autre moyen de prolonger leur existence est d'écraser leur extrémité avec la lame d'un couteau ou

d'un sécateur sur 1 centimètre environ, avant de les placer dans leur vase.

• Un bain d'eau pas trop froide peut redonner de l'éclat à une fleur qui a tendance à flétrir.

• Conservez les pétales de vos roses pour confectionner un pot-pourri, en les plaçant dans un bocal avec du sel fin et un peu d'eau de vie à fruits.

Rosier

• Si vous voulez bouturer votre rosier, prélevez une pousse de 30 centimètres, puis retirez les feuilles du bas. Taillez en croix l'extrémité de la tige et introduisez un grain de blé à l'intérieur. Il faut qu'il ait été cueilli sur un épi de l'année au moment des moissons. Liez l'ensemble avec un fil et plongez votre bouture toute une nuit dans un verre d'eau. Le lendemain, plantez-la dans un pot contenant autant de terreau que de sable. Arrosez bien.

✔ Voir aussi *Engrais*, *Pucerons*.

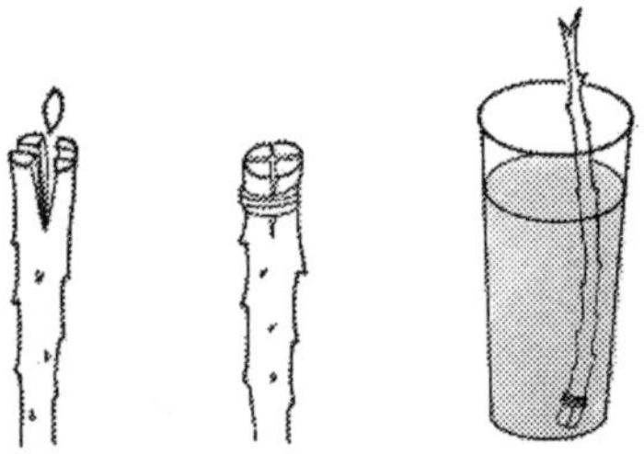

Rôti

• Votre rôti sera particulièrement tendre si vous l'arrosez d'un petit verre de cognac, 30 minutes avant de le mettre au four.

• Ultime recommandation : évitez de le faire mijoter dans son jus, car cela a pour effet de faire durcir la viande.

Rôti de bœuf

- Sortez votre viande du réfrigérateur au moins une heure avant de la cuire.
- Pour raffermir les pores de la viande et éviter que le sang et les sucs ne s'échappent pendant la cuisson, n'hésitez pas, avant de faire cuire votre rôti, à le passer sous l'eau bouillante pendant quelques secondes. La viande n'en sera que plus tendre.
- Ne salez votre viande qu'au dernier moment.

Rôti de veau

- Vous donnerez à un rôti de veau un moelleux incomparable en ajoutant 1/2 verre de bière en cours de cuisson.
- Les effets seront les mêmes si vous enrobez votre rôti de moutarde. Vous l'adoucirez ensuite par une liaison avec de la crème fraîche.
- Un jus de citron sur une viande blanche la fera dorer.

Rotin

- Si le rotin est très sale, brossez-le dans le sens des fibres avec tout simplement de l'eau savonneuse, puis rincez et essuyez aussitôt avec un chiffon sec.
- Pour le blanchir, frottez-le avec un tampon imprégné d'un mélange de 2/3 d'eau et de 1/3 d'eau de Javel, puis laissez agir 5 heures. Rincez à l'eau claire et séchez à l'air libre. Il sera méconnaissable.

Rouge à lèvres

Pour éviter qu'il ne s'efface au bout de quelques heures, voici quelques astuces qui maintiendront votre mise en beauté toute la journée.

- Vos lèvres avant d'être maquillées doivent être parfaitement sèches : lorsque vous appliquez votre fond de teint, recouvrez-en aussi vos lèvres.

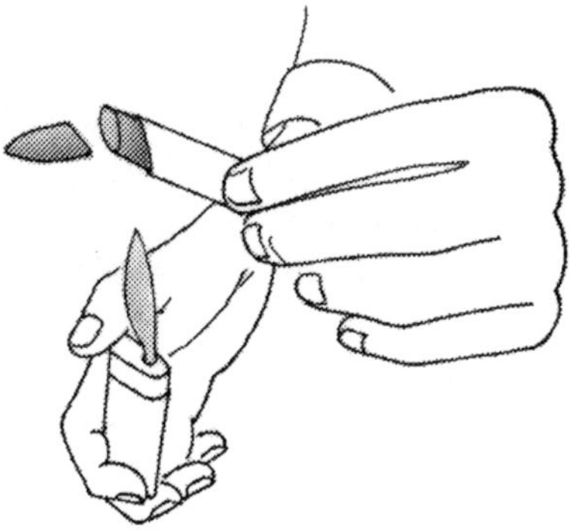

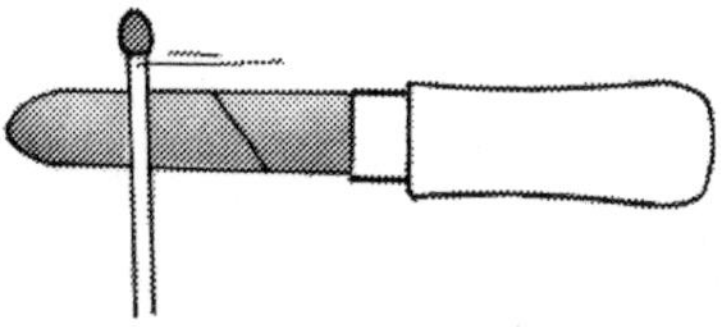

• Passez une première couche de rouge à lèvres au pinceau et poudrez-les avant de poser la seconde couche. Pressez vos lèvres sur un mouchoir en papier et renouvelez l'opération.
• Dernière touche indispensable : appliquez rapidement un glaçon sur vos lèvres, pour éviter que la couleur ne vire.
• Une tache de rouge à lèvres disparaît si vous la nettoyez avec un peu d'éther.
• Pour remettre en état un bâton de rouge à lèvres cassé en deux, faites ramollir les morceaux à la flamme d'un briquet. Attendez qu'ils fondent un peu avant de les coller l'un à l'autre. Lissez avec une allumette puis laissez refroidir et durcir au réfrigérateur.

Rouille

• Pour faire disparaître des traces de rouille sur du métal, enduisez-le d'un mélange composé de 1/3 d'huile d'olive et de 2/3 d'essence. Laissez agir pendant 3 heures avant d'essuyer.

• Vous pouvez également frotter la partie atteinte avec une moitié d'oignon saupoudrée de sucre. Rincez ensuite à l'eau froide et essuyez avec précaution.

• Sur du fer, les traces de rouille s'enlèveront si vous les frottez avec un chiffon de laine imbibé d'ammoniaque.

• Vous éliminerez une tache de rouille sur du tissu en l'imprégnant de jus de citron salé. Versez ensuite 3 ou 4 gouttes d'eau ammoniaquée, puis rincez abondamment.

Rouleau à pâtisserie

• À défaut de rouleau à pâtisserie, vous pouvez tout aussi bien utiliser une bouteille en verre en prenant soin de la saupoudrer de farine et de la remplir d'eau chaude pour assouplir la pâte.

Rouleau de peinture

• Vous vous éviterez bien des problèmes de nettoyage mais aussi d'essorage si, après la première couche de peinture, vous recouvrez le rouleau d'un papier d'aluminium ménager. 48 heures plus tard, il sera prêt à l'emploi pour la seconde couche.

Roux

• Pour le réussir, commencez toujours par mouiller le mélange beurre-farine avec le liquide froid.

Rubans

• Pour leur redonner la fraîcheur du neuf, ajoutez un peu de sucre dans leur dernière eau de rinçage.

S

Sac

- Confronté souvent à la pluie, un sac de cuir sera protégé contre les taches d'eau si vous l'enduisez de cirage incolore.
- Si vous avez manqué de prévoyance, vous ferez disparaître les taches de pluie en passant votre sac au-dessus d'un récipient rempli d'eau bouillante. Vous le cirerez lorsqu'il sera redevenu parfaitement sec.

✔ Voir aussi *Cuir.*

Salade

- Afin d'éliminer tous les parasites présents dans les feuilles de salade, versez, dans son eau de lavage, quelques gouttes de vinaigre blanc.
- Pour conserver une salade fraîche durant 5 à 6 jours, placez-la dans une boîte hermétique avec un croûton de pain dur : il absorbera l'humidité dégagée par les feuilles et évitera ainsi qu'elles ne pourrissent.
- Les feuilles d'une salade flétrie redeviennent croquantes si vous les plongez dans de l'eau chaude mais non bouillante. Rincez-les ensuite à l'eau froide. Le résultat est immédiat.

Salade de pommes de terre

- Vous rendrez votre salade de pommes de terre moelleuse à souhait si vous faites tremper les rondelles dans un peu de vin blanc avant de les assaisonner.

Salière

- Pour nettoyer votre salière, remplissez-la d'eau chaude additionnée d'un filet de vinaigre. Secouez énergiquement, puis rincez abondamment avant de la laisser sécher à l'air libre.

Salpêtre

- Pour nettoyer vos murs de pierre recouverts de salpêtre, frottez-les tout d'abord avec une brosse dure, puis lessivez-les avec de l'eau chaude savonneuse. Rincez à l'eau claire.
- Puis protégez vos murs en passant plusieurs couches d'un mélange composé de 2/3 d'huile de lin et de 1/3 d'essence de térébenthine. Ne négligez pas cette étape qui, permettra de limiter la formation de salpêtre.

Salubrité

- Pour vérifier qu'un appartement est salubre avant de l'habiter, broyez de la chaux vive sortant du four. Mettez-en 500 grammes dans un vase que vous placerez au centre de la pièce principale. Au bout de 24 heures, pesez cette chaux. Si son poids n'a pas changé, votre appartement est sain et habitable. Mais si la chaux pèse 5 ou 6 grammes de plus, le logement est insalubre.

Sang

Pour enlever une tache de sang, évitez d'utiliser de l'eau chaude. Ayez plutôt recours aux procédés suivants.

• Sur du tissu de couleur comme sur de la toile à matelas, frottez la tache avec de l'eau amidonnée, laissez sécher puis brossez pour enlever les fines particules qui recouvrent la tache. Vous pouvez encore faire dissoudre un cachet d'aspirine dans un peu d'eau et en imbiber le sang.
• Des taches sur un tapis ou une moquette disparaîtront après avoir été humectées de vinaigre blanc.

Sanitaires

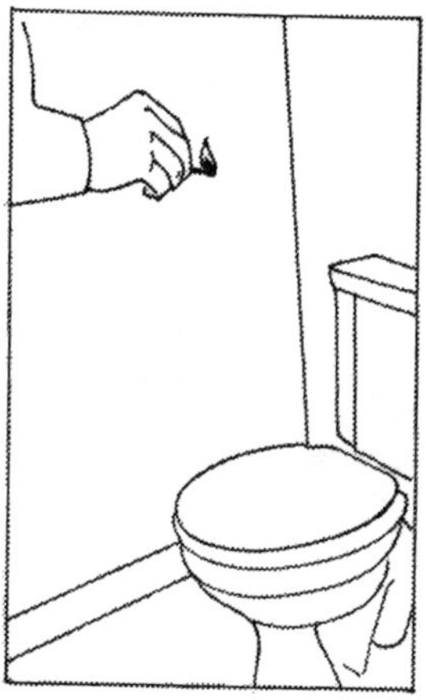

• Plus efficace encore que les bombes aérosols, voici l'allumette. Vous désodoriserez vos sanitaires en grattant 3 ou 4 allumettes après votre passage. Le soufre en brûlant éliminera toutes les odeurs désagréables.
✔ Voir aussi *Calcaire.*

Sapin

• S'il orne avec majesté les soirées de fin d'année, le sapin est beaucoup moins agréable à regarder les lendemains de fête. Vous le conserverez plus longtemps si vous lui faites prendre un bain d'eau tiède ou si vous le vaporisez de laque à cheveux. Ses aiguilles résisteront sans tomber face aux multiples secousses que provoque la découverte des cadeaux.

Satin

Matière fragile, le satin demande quelques précautions quant à son nettoyage.

• Ajoutez un filet de vinaigre et un morceau de sucre à la dernière eau de rinçage afin que les couleurs ne défraîchissent pas.
• Évitez d'essorer le satin et repassez-le exclusivement à la pattemouille.

Sauce

• Pour épaissir une sauce trop liquide, ajoutez des flocons instantanés de purée qui, en cuisant, ne formeront pas de grumeaux, au contraire de la farine. Délayez-les dans une tasse avec de l'eau froide, versez-les dans la sauce et faites chauffer.
• Si au contraire votre sauce est trop épaisse, allongez-la avec un peu de lait ou de l'eau.
✔ Voir aussi *Grumeaux*.

Sauce Béchamel

• Si vous l'avez préparée à l'avance, pensez à beurrer une feuille d'aluminium ménager et à l'appliquer (côté beurre) sur toute la surface de la sauce. Cela évitera qu'elle ne se fige et forme une peau pas toujours évidente à enlever au moment de consommer.

Sauce blanche

• Si vous êtes plutôt pressé, mais que vous souhaitez avoir en permanence une sauce blanche faite maison, voici comment vous pouvez procéder : mélangez 1 tasse de farine à 1 tasse de beurre ramolli jusqu'à obtention d'une pâte bien liée. Placez-la dans un bac à glace dans le compartiment le plus froid de votre réfrigérateur. Il vous suffit ensuite de mélanger un« glaçon » à une tasse de lait et de chauffer à feu doux pour obtenir une succulente sauce blanche. Procédez normalement : tournez le liquide jusqu'à ce qu'il épaississe à votre convenance.

Saucisses

• Les saucisses seront beaucoup plus faciles à digérer si vous les plongez dans de l'eau bouillante une dizaine de minutes avant de les faire cuire à la poêle. De cette façon, elles seront plus légères et ne perdront pas de volume en cuisant.
• N'oubliez pas non plus de les piquer avec une fourchette : la graisse pourra ainsi s'écouler et éviter que la saucisse n'éclate à la cuisson.

Saucisson

• Comment éplucher un saucisson sec sans aucune difficulté ? Il suffit de l'enrouler dans un linge humide et de le laisser ainsi pendant 8 à 10 minutes. Sa peau s'enlève ensuite très facilement, sans nuire à sa qualité.

Savon

• Les restes de savonnette peuvent se récupérer. Passez-les au mixer ou au hachoir, puis faites-les chauffer au bain-marie avec quelques cuillerées à café d'eau (selon le volume du savon). Remuez jusqu'à ce que les copeaux aient bien fondu et versez le liquide dans un petit moule à pâtisserie par exemple.
• Attention, le savon durcit très rapidement, il faut procéder sans perdre de temps. Lorsque la prépa-ration est bien sèche, il ne vous reste plus qu'à démouler pour avoir un savon entier d'une forme tout à fait originale.

Scie

• Le bois se referme aussitôt lorsque que l'on scie des planches, ce qui ne facilite pas l'ouvrage. Introduisez dans la fente que vous venez de pratiquer une pièce métallique, une lame de couteau par exemple. Vous la disposerez, indifféremment, de manière verticale ou horizontale. Faites-la progresser au fur et à mesure que vous sciez. (*Voir illustration page suivante.*)

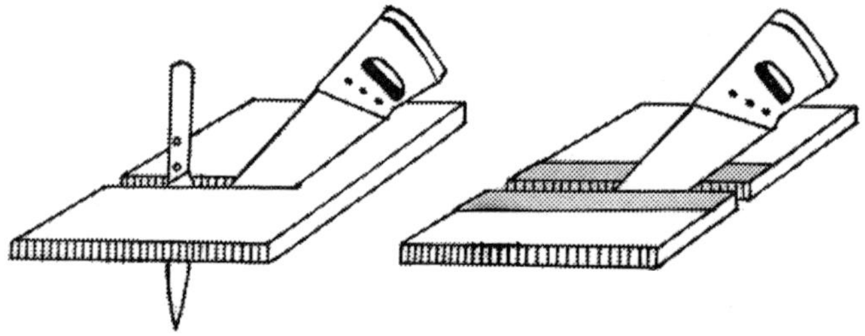

• Le contreplaqué supporte mal les coups de scie et vole souvent en éclats. Pareil inconvénient sera résolu en collant un morceau de ruban adhésif de chaque côté de la ligne de coupe.

Sel

• Pour garantir votre sel contre l'humidité, déposez à la surface de votre salière 3 ou 4 grains de riz (pour 150 grammes de sel). Ils se chargeront d'absorber l'humidité. Pensez toutefois à les renouveler de temps en temps.

• Si vous avez eu la main trop lourde en salant une soupe ou un plat, vous récupérerez le tout en ajoutant un bouchon en liège dans votre préparation le temps d'un tour de bouillon.

Semelles

• Les semelles des chaussures neuves sont lisses et peuvent donc entraîner quelques dérapages incontrôlés. Pour ne pas glisser, frottez les semelles avec du papier de verre.

• Certaines chaussures grincent. Pour éviter ce bruit exaspérant à chacun de vos pas, opérez de la façon suivante : versez dans un récipient de l'huile de lin et placez vos chaussures de façon que seule la semelle soit en contact avec l'huile (le cuir ne doit pas en être imprégné). Laissez agir pendant 2 heures. Vos chaussures ne grinceront plus et de surcroît les semelles seront imperméabilisées.

Semis

• Si vous faites des semis de poireau, songez à y intégrer des graines de carotte. Vous éviterez ainsi que les vers ne s'y attaquent. En effet, les vers des poireaux n'apprécient guère le voisinage de ceux des carottes et vice versa.

• Vous pouvez aussi semer vos carottes à proximité des radis. L'odeur qu'ils dégagent éloigne la redoutable araignée rouge, qui s'attaque aux carottes.

✔ Voir aussi *Graines.*

Serpillière

• Il est assez difficile de la faire tenir sur un balai-brosse. Un coup de nettoyage et la voilà qui glisse. Pour éviter qu'elle ne s'échappe de nouveau, plantez deux petits clous sur la barre de la brosse et accrochez-la.

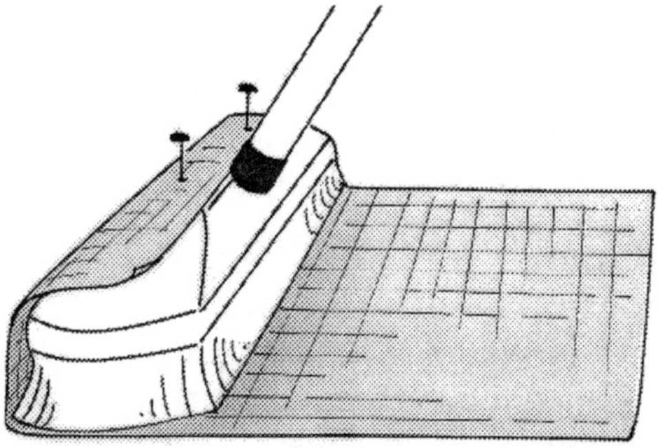

• Avant d'utiliser votre serpillière pour la première fois, faites-lui prendre un bain d'eau brûlante. Les fibres du tissu seront ainsi plus résistantes et plus absorbantes.

Serre-joint

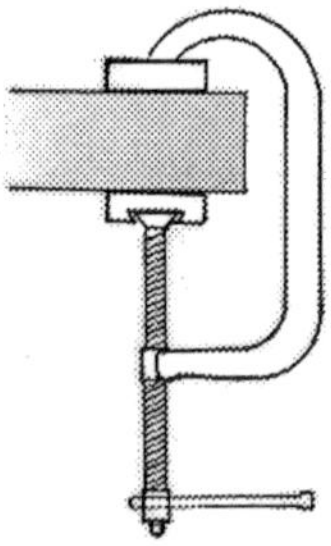

• Le serre-joint a pour inconvénient de marquer les pièces de bois qu'il maintient. Pour ne plus avoir de trace, collez un bouchon en plastique d'une bouteille d'eau minérale (face intérieure) sur chacune des deux vis du serre-joint.

Serrures de voiture

• Combien d'entre vous se sont un jour retrouvés devant leur voiture sans pouvoir ouvrir les serrures condamnées par le gel ? Un morceau de sparadrap collé sur la serrure l'empêchera de geler.

• Si le mal est fait, à l'aide d'une burette, versez quelques gouttes d'huile de vaseline dans chacune d'entre elles.

• Vous pouvez toutefois vous éviter bien des désagréments en étant prévoyant : avant l'arrivée des grands froids, trempez votre clef dans le réservoir de liquide à frein, puis insérez-la dans vos serrures. Renouvelez l'opération plusieurs fois. En effet, l'huile de frein est la seule huile qui ne gèle jamais.

Shampooing

• La saponaire est assurément la plante la plus efficace pour se constituer un shampooing naturel, car la saponine qu'elle contient est un agent lavant aussi efficace que doux. Plongez une bonne poignée de feuilles fraîches ou de racines dans 1 litre d'eau, et laissez macérer jusqu'à obtenir un liquide bien savonneux. Versez le tout dans une bouteille en ayant pris soin de filtrer pour ne garder que le liquide.
Utilisez-le ensuite comme un shampooing classique.
✔ Voir aussi *Cheveux*.

Shampooing sec

- Si vous n'avez pas le temps de vous laver les cheveux, avant une soirée par exemple, mélangez 1 cuillerée à café de sel à 1 petite tasse de Maïzena. Saupoudrez-vous généreusement les cheveux avec cette préparation et massez le cuir chevelu avec douceur. Essuyez-vous la tête avec une serviette préalablement chauffée sur un radiateur et brossez-vous ensuite normalement.
Vous voilà fin prête pour aller danser !

Soie

Vous n'aurez aucune mauvaise surprise après avoir lavé de la soie si vous suivez ces principes de base.

- Employez uniquement de l'eau froide pour le lavage comme pour le rinçage de la soie.
- Évitez de l'essorer et ne la faites jamais sécher au soleil, car cela dénaturerait ses couleurs.

Soie blanche

- Elle gardera sa blancheur initiale si vous pensez à ajouter 2 cuillerées à soupe de lait dans son eau de rinçage.
- Une soie blanche qui a jauni retrouvera son éclat après avoir trempé 15 minutes dans un mélange composé de 4 volumes d'eau, de 1 volume d'eau oxygénée et de 5 gouttes d'ammoniaque. Rincez ensuite soigneusement.

Soufflé

- Enduisez le moule d'huile puis farinez-le légèrement.
- N'oubliez pas de lisser le dessus avec le dos d'une cuillerée et de tracer un creux à un cm des bords, votre soufflé gonflera d'une manière parfaite.
- Placez votre préparation 15 minutes au réfrigérateur avant d'enfourner.
- Un papier d'aluminium posé sur le dessus du plat évitera qu'il ne retombe avant de passer à table.

Soupe

• Pour épaissir une soupe trop liquide, ajoutez 3 grosses cuillerées de flocons de purée instantanée (pour 1 litre). Faites chauffer le tout pendant 5 minutes en prenant soin de bien remuer.

• Plusieurs recettes vous aident à rattraper une soupe ou un potage trop salé. Vous pouvez ainsi ajouter 1 cuillerée à café de sucre en poudre ou bien 2 rondelles de pommes de terre que vous retirerez au bout de 3 minutes.

• Si le mal est plus grave, versez dans votre soupe un verre de lait cru et faites bouillir le tout à petit feu pendant 10 minutes. Votre soupe retrouvera ainsi une saveur plus douce !

✔ Voir aussi *Sel.*

Sourcils

• L'épilation des sourcils sera moins douloureuse si vous passez un glaçon quelques secondes sur la paupière pour insensibiliser le derme.

• Pensez également à désinfecter la peau en passant un coton imprégné d'alcool à 90 degrés.

• Pour procéder au mieux, n'oubliez pas de toujours épiler les sourcils en respectant le sens du poil.

Stylo à bille

• La pointe de votre stylo à bille s'est encrassée d'encre et de peluches. Nettoyez-la en la faisant tourner rapidement dans un filtre de cigarette.

✔ Voir aussi *Encre, Encre rouge.*

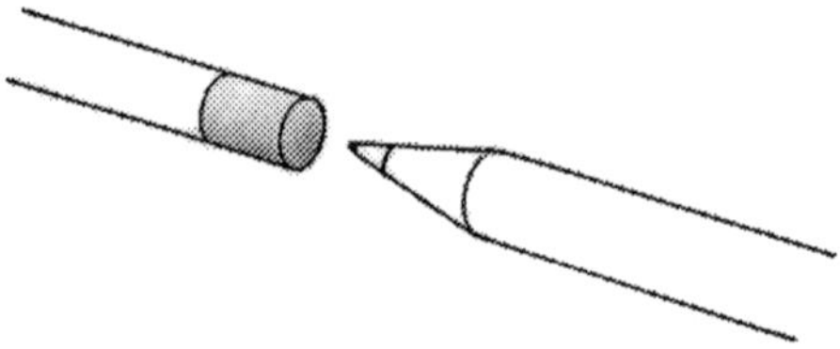

Stylo-feutre

• Pour prolonger l'existence d'un feutre dont la pointe s'est desséchée, trempez celle-ci 5 secondes dans du vinaigre, et secouez pour enlever l'excédent. Votre stylo-feutre fonctionnera aussitôt.

✔ Voir aussi *Encre, Encre rouge.*

Sucre

• Le sucre, comme le sel, craint l'humidité. Pour éviter qu'il ne se fige, placez au fond de votre sucrier un morceau de papier buvard.

• Les taches de sucre (boissons alcoolisées ou confiserie) s'enlèveront sur un tissu de couleur si vous les frottez tout simplement avec un peu d'eau tiède. Si cela ne suffit pas, ajoutez un peu d'alcool à 90 degrés à cette eau.

• Sur un tissu blanc, laissez tremper votre linge dans de l'eau javellisée pendant 30 minutes et rincez abondamment.

• Sur du bois ciré, frottez la tache avec du marc de café et passez ensuite un chiffon doux imprégné de cire.

Sucre vanillé

• Pourquoi ne pas le préparer vous-même ? Il suffit pour cela de mélanger 500 grammes de sucre semoule à 2 bâtons de vanille coupés en morceaux. Au bout de 3 semaines, vous pourrez l'utiliser pour vos desserts.

Suie

• Vous réduirez la formation de suie et espacerez, par la même occasion, les visites de votre ramoneur si vous prenez la précaution de saupoudrer vos bûches de sel fin ou si vous jetez, dans votre foyer, des pelures de pommes de terre préalablement séchées.

Suppositoires

- Ils ont tendance à fondre sous les doigts. Alors prenez soin de les passer sous un jet d'eau froide avant de les utiliser !
- Entreposez-les au réfrigérateur.
- Enduisez-les de vaseline avant de les administrer à vos enfants.

T

Tableau à l'huile

Au contact de la poussière et de la fumée, les couleurs de vos tableaux se ternissent. Il est en général conseillé de passer de la mie de pain frais ou une moitié d'oignon sur toute la toile. Mais attention, cette méthode présente peu d'intérêt, et un film opaque peut même à la longue ternir votre œuvre.

- Préférez mélanger 2/3 d'huile de lin avec 1/3 d'essence de térébenthine et tamponnez délicatement votre tableau avec un chiffon imprégné de cette substance.
- Nettoyez ainsi votre tableau tous les 3 mois de façon à le protéger contre les agressions extérieures.
- S'il est recouvert d'un vernis, n'utilisez alors que l'huile de lin, qui aura pour effet de nourrir la laque et d'éviter ainsi qu'elle ne se craquelle avec le temps.

Tableau noir

- Savez-vous qu'un morceau de moquette est aussi efficace qu'un chiffon ou une éponge pour effacer les traces des dessins de vos enfants ?

Tache

- On n'a pas toujours avec soi une panoplie antitaches. Il est bon de savoir que quelques gouttes d'eau minérale gazeuse rendent au tissu toute sa netteté. Laissez agir quelques minutes avant d'éponger avec de l'eau chaude.

- La mousse à raser de très bonne qualité fait elle aussi des merveilles. Étalez-la sur la surface de la tache, puis rincez à l'eau claire.
- Pour éviter l'apparition d'une auréole lorsque vous enlevez une tache, nettoyez-la bien en cercles concentriques de l'extérieur vers l'intérieur ou saupoudrez-la de terre de Sommières.

✔ Voir aussi *Alcool, Auréole, Café, Cambouis, Chewing-gum, Ciment, Cire, Colle, Détachants, Encre, Fruits rouges, Graisse, Moisissure, Parfum, Peinture, Plâtre, Résine, Rouge à lèvres, Rouille, Sang, Thé, Transpiration.*

Taille-crayon

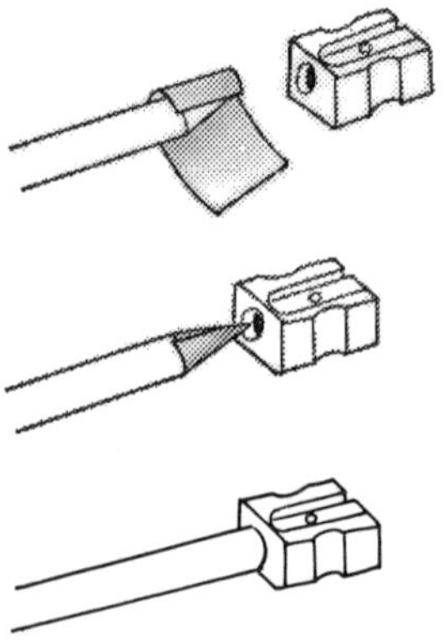

- Comme tous les objets tranchants, le taille-crayon a besoin de temps en temps d'être aiguisé. Collez avec du ruban adhésif double face un morceau de papier de verre fort granulé à la pointe d'un crayon et introduisez ce dernier dans le taille-crayon, comme si vous deviez le tailler. Renouvelez l'opération deux ou trois fois de suite. Le taille-crayon sera de nouveau en état.

Talons de chaussure

- Les talons de chaussure ont tendance à s'abîmer facilement. Pour les protéger des coups et des éraflures, badigeonnez-les avec du vernis à ongles incolore. Vos talons resteront propres et lisses.

Tapis

Pour nettoyer et remettre à neuf des tapis, plusieurs solutions sont préconisées.

• Par temps hivernal, profitez de la neige : posez délicatement votre tapis, face tournée contre la neige, pendant 30 minutes.

Brossez-le ensuite avec précaution et secouez-le énergiquement. Attendez qu'il soit bien sec pour le remettre en place. La transformation est radicale : les poils sont gonflés et moelleux, et votre tapis a pris un sacré coup de jeune !

• Pour un nettoyage de printemps, rien ne vaut la sciure de bois imprégnée de vinaigre. Saupoudrez-en votre tapis, brossez pour faire pénétrer et laissez sécher avant de passer l'aspirateur. Si votre tapis est de petite taille, frottez-le avec de la mie de pain passée au four ou avec une moitié de chou.

Suspendez-le à l'ombre et attendez 24 heures avant de passer l'aspirateur.

• Une fois votre tapis dépoussiéré, pourquoi ne pas songer à en raviver les couleurs, Pour ce faire, recouvrez-le de feuilles de thé infusées et essorées. Laissez agir 1/4 heure, puis frottez-le avec une brosse trempée dans 1 litre l'eau additionnée de 2 cuillerées à soupe d'ammoniaque. Séchez ensuite avec un linge sec.

Votre tapis retrouvera son éclat d'antan.

• Un tapis blanc se traitera en le couvrant d'une couche de talc. Laissez le talc pénétrer pendant 1 heure, puis brossez et passez l'aspirateur.

Il sera ainsi plus lumineux que jamais.

✔ Voir aussi *Isolation, Mites.*

Tapisseries

• Les tapisseries qui enjolivent vos intérieurs sont malheureusement des nids à poussière. Pour les nettoyer et du même coup raviver les couleurs, frottez-les délicatement avec un chiffon imprégné d'éther.

Tartes

• De nombreux déboires peuvent survenir lorsque vous réalisez des tartes avec certains fruits juteux : la pâte se détrempe à la cuisson, se colle à la tourtière. Pour éviter ces inconvénients, déposez sur votre pâte une très fine couche de semoule ou étalez du blanc d'œuf au pinceau.

• Pour travailler votre pâte en toute tranquillité, installez-vous sur un torchon propre bien fariné ; ce dernier vous permettra de transporter la pâte jusqu'au moule sans encombre.

✔ Voir aussi *Démoulage, Pâte à tarte.*

Tartre

• Pour faire disparaître le tartre au fond de vos casseroles ou de votre bouilloire, faites bouillir à l'intérieur du vinaigre blanc pendant 10 minutes.

• Vous pouvez également déposer au fond de ces ustensiles remplis d'eau 2 coquilles d'huître et porter à ébullition.

Vos casseroles redeviendront comme neuves.

✔ Voir aussi *Aquarium, Fer à vapeur.*

Taupes

• Vous les ferez fuir de votre jardin en introduisant des boules de naphtaline ou des chiffons imbibés d'essence dans les galeries qu'elles ont creusées. L'odeur dégagée, suffisamment forte, les empêchera de s'installer.

Teinture

• Avant de teindre du bois blanc ou naturel, passez sur toute la surface une éponge légèrement humidifiée. Elle évitera que le bois n'absorbe trop la teinture et permettra d'uniformiser la teinte.

• À défaut de brou de noix, vous pouvez utiliser de la chicorée, qui aura toutefois une couleur plus claire. Faites bouillir 10 cuillerées à soupe de chicorée dans 1 litre d'eau pendant 10 minutes. Lorsque le mélange est refroidi, étalez-le à l'aide d'une éponge plutôt qu'avec un pinceau, dont les traces restent souvent visibles.

Télévision

• Pour éviter de fatiguer vos yeux lorsque vous regardez la télévision le soir, allumez une lampe derrière votre poste. Elle atténuera les contrastes.

Têtes de clou

• Pour masquer les têtes de clou des éléments en bois que vous venez d'assembler (étagère, placard, par exemple), employez la méthode suivante : commencez par poncer le bois et récupérez la sciure. Mélangez-la à quelques gouttes de colle à bois : vous obtiendrez une pâte de la même couleur que votre élément. Appliquez-la sur les têtes de clou, laissez sécher puis poncez.

Thé

Quelques précautions devraient vous permettre de préparer des thés de qualité et non les fades bouillons qu'on vous sert parfois.

• Trop de gens font le thé avec de l'eau bouillante, ce qui consume l'arôme. L'eau frémissante est bien mieux indiquée. Et toujours à propos de l'eau, choisissez-la plutôt minérale : le calcaire, outre le fait qu'il encrasse les théières, peut donner un goût légèrement amer.
• Si vous aimez les thés parfumés, sachez qu'il est possible de s'en faire soi-même : des zestes de citron ou d'orange séchés, un bâton de vanille en petits morceaux, quelques feuilles de menthe hachées sont autant d'ingrédients à incorporer à votre thé pour le rendre exotique.
• S'il est un régal à déguster, le thé n'en est pas moins un redoutable colorant. Ses taches nécessitent des traitements précis. Sur du blanc, de l'eau savonneuse additionnée de jus de citron devrait faire l'affaire. Sur de la couleur, délayez un jaune d'œuf dans 1/4 de litre d'eau et frottez la mixture sur la partie tachée. Enfin sur de la moquette, mélangez alcool et vinaigre en quantités égales et frottez énergiquement avant de passer un chiffon humidifié pour rincer.
✔ Voir aussi *Après-bronzage, Voilages.*

Théière

• Évitez de laver votre théière avec des détergents. Contentez-vous plutôt de la rincer à l'eau claire. Elle conservera ainsi le goût du thé et rehaussera le parfum de votre prochaine infusion.
• Si votre théière prend une odeur de moisi, frottez-la avec une moitié de citron, côté pulpe, ou remplissez-la de jus de citron et agitez énergiquement jusqu'à ce que les odeurs disparaissent.
• Enfin, si vous n'êtes qu'un buveur occasionnel de thé, un morceau de sucre placé à l'intérieur de votre théière après usage empêchera que se développe l'odeur de renfermé.

Thermomètre

• Si la colonne de mercure indiquant la température s'est divisée en fragments, plongez l'extrémité du thermomètre (côté pointe métal) dans de l'eau tiède. En quelques minutes, le mercure se sera suffisamment agité pour ne plus faire qu'une seule ligne.

Thermos

• Pour nettoyer une Thermos qui n'a pas servi depuis longtemps, remplissez-la d'eau bouillante et jetez-y une poignée de grains de riz blanc. Secouez-la énergiquement avant de la rincer à l'eau claire. Elle retrouvera ainsi sa netteté.

• Si certaines taches brunes apparaissent à la surface de votre Thermos, n'hésitez pas à les nettoyer, car elles dénaturent le goût des boissons. Versez à l'intérieur de votre Thermos le contenu d'un sachet de levure chimique et remplissez-la d'eau chaude. Laissez agir 2 heures avant de rincer abondamment à l'eau chaude également.

Timbres-poste

• Si des timbres gagnés par l'humidité se sont collés les uns aux autres, placez-les au congélateur. Le froid les détachera.

• Vous pouvez aussi les repasser à fer doux pour les séparer. Voilà autant d'opérations qui sauveront votre collection de timbres.

Tissu noir

• Si le coton noir apparaît terni au bout de quelques lavages, redonnez-lui l'aspect du neuf en ajoutant un verre de bière à son eau de rinçage.

• Un café bien fort est conseillé pour toutes les autres étoffes noires. Appliquez-le avec une brosse souple et frottez toujours dans le même sens. Faites ensuite sécher à l'ombre. Votre tissu sera coloré d'un noir profond.

• Un tissu de laine noire défraîchie retrouvera son aspect neuf si vous le lavez dans l'eau de cuisson de vos épinards. Il faut qu'elle soit tiède. La température sera la même pour l'eau de rinçage.

Toile cirée

• Vous pouvez l'entretenir par des moyens tout à fait naturels. Si elle est un peu sale, un peu de vinaigrette sur un chiffon fera amplement l'affaire. N'oubliez pas ensuite d'essuyer avec un chiffon sec. Si elle est franchement tachée, passez un blanc d'œuf battu en neige sur toute la surface, puis rincez à l'eau claire.

• Des marques de plat chaud s'effaceront miraculeusement devant l'huile camphrée appliquée avec un chiffon.

• Des traces de stylo à bille, souvent laissées par les enfants, disparaîtront si vous les frottez avec un mélange d'alcool à 90 degrés et de vinaigre blanc en quantités égales. Le tout, bien sûr, sans abîmer ni le toilage ni les couleurs !

Tomates

• Pour faire mûrir des tomates encore vertes, enveloppez chacune d'elles dans une feuille de papier journal et placez-les dans une cagette bien au frais. Comptez environ 15 jours avant qu'elles ne virent au rouge !

• Vous les éplucherez facilement si vous prenez le soin de les plonger 20 secondes dans de l'eau bouillante.

• Vous pouvez aussi les piquer au bout d'une fourchette pour les passer rapidement au-dessus d'une flamme. Leur peau s'enlèvera sans aucune résistance.

• Lorsque vous repiquez les pieds de tomate dans votre jardin, pensez à les protéger du mildiou (maladie à l'origine de taches sur les tomates). Pour ce faire, per-

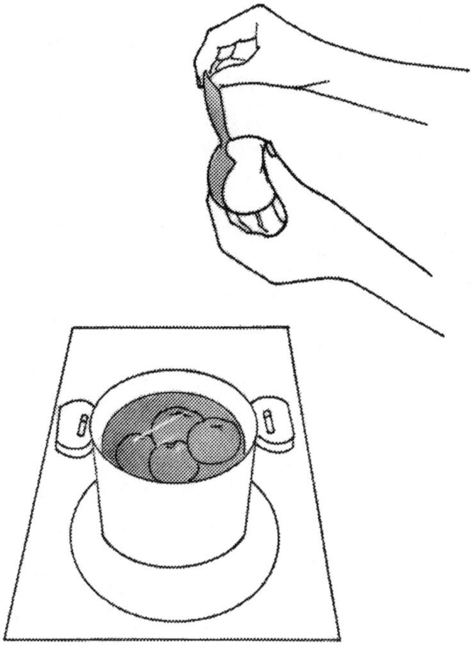

cez la racine et introduisez-y un fil de cuivre de 5 centimètres de long que vous vous serez procuré en dénudant un fil électrique.
✔ Voir aussi *Fil électrique.*

Torchons

• Ceux que l'on trouve aujourd'hui sont loin d'avoir la qualité des torchons de nos grands-mères. Et un de leurs inconvénients est qu'ils peluchent au bout de quelques utilisations. Mettez de l'amidon dans leur eau de rinçage : ils seront lisses comme du satin !
• Pensez à coudre une attache en haut et une en bas des torchons, cela limite les risques d'usure en variant la façon dont vous les faites sécher.

Transpiration

- Lorsqu'elle est excessive, elle peut être gênante. Si tel est votre cas, procurez-vous en droguerie une crème à base de sauge. Cette dernière a en effet la propriété de ralentir le phénomène de transpiration.
- Évitez par ailleurs, pour les pieds comme pour le corps, de porter des sous-vêtements synthétiques. Choisissez plutôt du coton.
- Si vos mains ont une fâcheuse tendance à être moites, frictionnez quotidiennement vos paumes pendant 1 minute avec de l'alcool de camphre.
- Enfin, sachez que les antitranspirants à base de sel d'aluminium sont très efficaces aussi bien pour les mains et les pieds que pour les aisselles.
- Une tache de transpiration sur du tissu de couleur s'enlèvera si vous la frottez délicatement avec un linge imprégné d'eau oxygénée.
- Sur un tissu fragile, tamponnez légèrement l'auréole avec un coton imbibé de jus de citron.
- Quant au lainage, vous le laisserez tremper au moins 2 heures dans de l'eau froide vinaigrée.

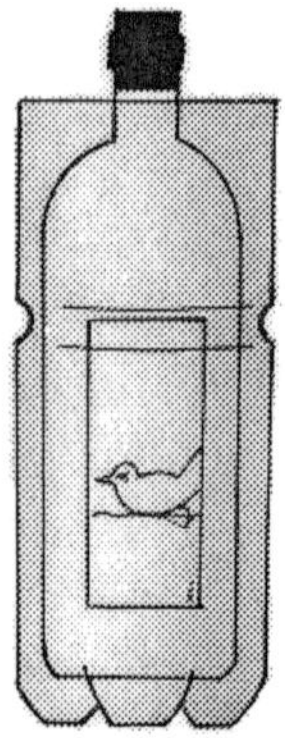

Transport

- Pour pouvoir transporter des bouteilles de vin et d'alcool dans un coffre de voiture sans risque de choc ou de casse, placez-les dans des bouteilles en plastique dont vous aurez préalablement découpé le goulot. Ce fourreau les protégera parfaitement des secousses.

Transvasement

- Transvaser le liquide d'une bouteille dans un flacon

sans en mettre une goutte à côté relève d'une extrême dextérité. Si vous manquez d'adresse, opérez de la façon suivante : maintenez avec l'index une épaisse aiguille à coudre contre la paroi extérieure du goulot de la bouteille verseuse. Au moment de transvaser, l'aiguille a pour effet de « discipliner » l'écoulement et, donc, de réaliser l'opération sans éclaboussure ni perte de liquide.

Travaux de peinture

- Celui qui travaille du haut d'une échelle sans faire tomber de peinture au sol est particulièrement habile. Pour les moins doués, placez tout simplement votre pot dans un seau. Vous éviterez les coulures et les éclaboussures.
- Les émanations de peinture peuvent indisposer ceux qui travaillent en milieu fermé. Placez alors à proximité une assiette remplie de mie de pain ou encore un récipient d'eau froide dans lequel baignera un oignon coupé en deux. Cela devrait en principe suffire à éliminer les odeurs désagréables.

✔ Voir aussi *Ongles* et *Peinture.*

Truites

- Les truites ont tendance à fondre, ce qui est d'ailleurs un signe de fraîcheur. Si vous les trempez dans du lait avant de les fariner, vous éviterez qu'elles ne se défassent, tout en conservant leur moelleux.

Tulipes

• Pour que les tiges des tulipes ne s'affaissent pas, maintenez-les bien serrées pendant une demi-heure dans une ou deux feuilles de papier journal humidifié avant de les mettre dans le vase.
• Les tiges resteront également bien droites si vous ajoutez à leur eau six ou sept pièces de monnaie en laiton (10 ou 20 centimes).
• Vous pouvez également ajouter cinq glaçons à leur eau. Elles se conserveront ainsi bien droites huit jours.
• Percez la tige de vos tulipes avec une aiguille ou une épingle que vous laisserez plantée là, juste sous la fleur. Votre bouquet aura peut-être une drôle d'allure mais se gardera plus longtemps.
• Autre moyen encore de le conserver : les tulipes n'apprécient pas les trop grandes quantités d'eau. Ne remplissez votre vase qu'aux deux tiers.

Turquoises

• Il faut savoir que les turquoises changent de couleur au contact de certains éléments : sur la peau, elles prennent une couleur verte teintée de brun, les parfums et les crèmes la font virer au vert. Elles ont de quoi vous surprendre et s'harmoniseront avec nombre de vos vêtements.
• Si vous les avez adoptées, songez à les nettoyer régulièrement, tous les 15 jours : trempez-les dans un bain additionné de 2 cuillerées de bicarbonate de soude (pour 1/2 litre d'eau). Rincez ensuite à l'eau tiède puis à l'eau froide et essuyez soigneusement.

Tuyau d'arrosage

• Si votre tuyau d'arrosage est troué ou détérioré, cette petite réparation lui rendra aussitôt son usage : grattez la surface abîmée jusqu'à ce qu'elle devienne rugueuse. Enduisez-la de colle à caoutchouc. Laissez sécher un peu avant d'enrouler sur la partie à traiter une ficelle assez fine. Faites attention de bien joindre chacune des spirales sans trop serrer le tuyau. Passez ensuite une seconde couche de colle sur la ficelle.

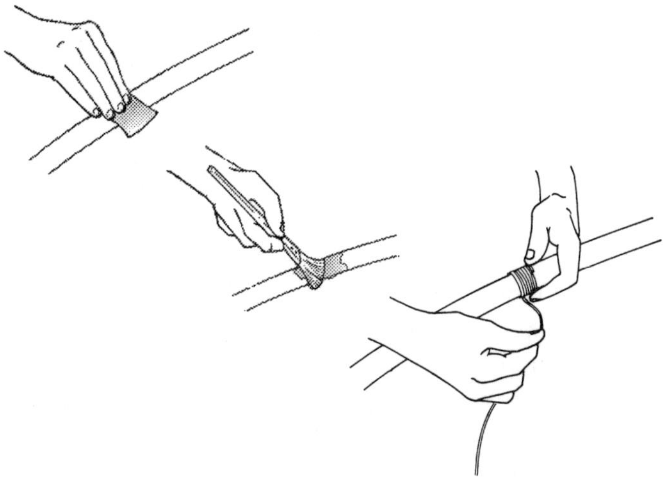

V

Valises

• Les valises sont en général maltraitées. Elles récupèrent les poussières et les traces de graisse des soutes à bagages ou des coffres de voiture.
Si elles sont en toile, nettoyez-les simplement avec une éponge imprégnée d'eau ammoniaquée (5 cuillerées à soupe d'ammoniaque pour 1 litre d'eau) et renouvelez l'opération jusqu'à ce qu'elles soient immaculées.
✔ Voir aussi *Bagages, Cuir.*

Vase

• Ne renoncez pas à l'utilisation d'un vase parce qu'il est poreux : faites fondre de la paraffine et enduisez-en le fond.

Velours

• Le velours, matière fragile, est sensible aux nombreux lavages et finit par perdre de sa tenue à moins que vous ne songiez à mettre vos vêtements à l'envers dans votre machine à laver.
• S'il a tendance à s'écraser, placez-le au-dessus d'une casserole d'eau bouillante. La vapeur lui rendra son aspect satiné.

• Pour faire disparaître une tache de graisse sur du velours, essayez cette méthode inédite mais efficace : faites griller des tranches de pain et appliquez-les encore chaudes sur le tissu.
• Si la tache ne disparaît pas au premier coup, n'hésitez pas à renouveler l'opération autant de fois que ce sera nécessaire.

Velours côtelé

• Le velours côtelé se feutre au contact du fer à repasser. Évitez par conséquent d'utiliser ce dernier et, à défaut de repassage, ayez recours à ce procédé : une fois lavé et encore humide, brossez énergiquement votre vêtement dans le sens des côtes et faites-le sécher sur un cintre à pinces. Vous n'aurez plus qu'à le ranger !

Vernis à ongles

• Il n'est pas toujours facile à utiliser, car il a tendance à s'épaissir. Pour éviter cet inconvénient, rangez-le au frais (dans le réfrigérateur par exemple) et, le cas échéant, versez-yquelques gouttes d'alcool à 90 degrés pour le diluer au moment de l'utiliser.
• Pour qu'il tienne plus longtemps, passez une couche de teinture de benjoin sur vos ongles avant d'appliquer le vernis.
• Pour accélérer le séchage, n'hésitez pas à plonger vos doigts dans un bol d'eau glacée : votre vernis se figera deux fois plus vite.
• Enfin, prenez soin de ne pas l'appliquer dans un endroit ensoleillé : il risquerait d'épaissir et serait difficile à étaler.

Verrerie

• Elle conservera tout son éclat si, après l'avoir lavée, vous ajoutez 5 cuillerées à soupe de vinaigre à l'eau de rinçage.

● Lorsqu'il s'agit d'un véritable nettoyage, faites attention aux produits trop abrasifs. Ayez recours plutôt à cette méthode : remplissez d'eau chaude vos verres et carafes, et ajoutez-y 3 petits morceaux de pommes de terre crue. Laissez reposer 1 à 3 heures selon l'état de votre verrerie. Rincez ensuite à l'eau claire et essuyez avec un chiffon sec.
✔ Voir aussi *Cristal.*

Verres

● Si vous avez mis deux verres l'un dans l'autre et que vous ne pouvez plus les séparer, ne forcez pas, au risque de les casser. Remplissez d'eau froide le verre du haut tout en faisant tremper le verre du bas dans un récipient rempli d'eau chaude.
La différence de température dilatera ce dernier et vous pourrez sans efforts dessouder vos verres.
✔ Voir aussi *Cristal, Verrerie.*

Verrue

Les remèdes pour faire disparaître une verrue sont assez nombreux et quelquefois fantaisistes. Mais très souvent il suffit d'y croire pour que cela marche ! L'apparition et la disparition d'une verrue sont en partie liées à des phénomènes psychologiques. Le cataplasme d'oignon est le plus généralement conseillé.

• Faites macérer un oignon coupé en rondelles dans du vinaigre de vin rouge pendant 48 heures. Appliquez une première rondelle sur la verrue et bandez le pied ou la main. Laissez ainsi toute la nuit. Recommencez le lendemain soir, et cela durant une semaine. La verrue tombera sans douleur.

• On peut effectuer de la même façon et avec la même assiduité des cataplasmes d'ail frais ou de farine mouillée dans du vinaigre de vin rouge.

Vers

• Pour éviter d'acheter un meuble moderne prétendu d'époque, il convient de vérifier que les trous des vers ont été réellement faits par eux et non pas par la main de l'homme. Pour ce faire, enfoncez une aiguille. Si elle pénètre profondément, méfiez-vous. Les vers n'exécutent que des galeries parallèles à la surface du bois, donc peu profondes.

• Le bois attaqué par les vers se traite en frottant une moitié d'oignon tous les jours pendant une semaine.

Vers de terre

• Pour éliminer les vers qui nuisent aux racines de vos plantes en pot, versez un verre de vin rouge dans la terre : les parasites remonteront à la surface et vous pourrez les supprimer.

• Un mélange d'eau et de farine de moutarde (2 cuillerées à soupe suffiront pour 1 litre d'eau) soigne la terre tout aussi bien. Renouvelez l'opération plusieurs fois par mois.

✔ Voir aussi *Semis.*

Vert-de-gris

• Pour ôter le vert-de-gris sur du cuivre ou du bronze,

frottez-le avec un chiffon imbibé d'alcool à brûler ou d'eau savonneuse. Laissez sécher et passez ensuite un chiffon imprégné de cire d'abeille.

• Si le vert-de-gris est profondément incrusté, faites dissoudre une poignée de gros sel dans du vinaigre bouillant (1/4 de litre). Frottez fortement avec un chiffon imprégné de ce liquide. Rincez à l'eau froide puis séchez avec un linge propre. N'utilisez cette solution sur le bronze doré qu'après avoir fait un essai sur une petite partie, pour vérifier que cela n'attaque pas le matériau.

Viande

• Avant de la mettre au réfrigérateur, prenez soin de la badigeonner d'huile : elle se conservera bien mieux et ne prendra pas de mauvaises odeurs.

• Lorsque vous décongelez votre viande, passez-la à l'eau vinaigrée (10 gouttes pour 1/2 litre) : elle retrouvera fière allure bien plus rapidement.

Viande hachée

• Si vous possédez un hachoir, sachez qu'il n'est pas sain de laisser la viande dans les interstices. Alors, au moment du hachage, mettez un peu de pain dur dans l'appareil. Cela le nettoiera totalement.

• On a coutume d'incorporer des œufs lorsque l'on fait des boulettes de viande. Mais saviez-vous qu'un simple filet d'huile rend ces boulettes bien plus moelleuses que le jaune d'œuf.

Vignette auto

• Pour détacher une vignette sur un pare-brise sans laisser de traces, imprégnez du coton avec du vinaigre chaud. Passez-le ensuite sur la vignette jusqu'à ce qu'elle se décolle toute seule.

Vinaigre

• C'est un excellent nettoyant pour le cuivre en mélange avec du gros sel (1 verre de vinaigre pour 6 cuillerées à soupe de gros sel).
• Il nettoie et ravive la couleur des tapis
• Il assouplit le linge et les lainages.
• Il fait briller le carrelage.
• C'est un détachant efficace pour les taches de cire, de sueur, de brûlures.
• Placé dans un réfrigérateur, il supprime les mauvaises odeurs.
• Le vinaigre de cidre additionné à de l'eau est un complément naturel à un régime amincissant.

Vinaigrette

• Pas toujours facile à réussir, il peut arriver qu'elle soit trop forte. Si vous vous en rendez compte à temps, il n'y a pas de problème : il suffit d'ajouter un peu d'huile à la préparation.
• En revanche, si vous n'avez pas pris la précaution de la goûter avant d'arroser votre salade, mettez une grosse boulette de mie de pain au fond de votre sala-

dier. Elle absorbera un peu la vinaigrette, et il vous suffira d'ajouter un filet d'huile à la salade pour qu'elle soit savoureuse sans être ni noyée ni cuite.

• Vous êtes du genre créatif en cuisine ? Qu'à cela ne tienne : amusez-vous à parfumer votre vinaigrette en y ajoutant des ingrédients inédits : une pincée de curry en poudre par exemple lui donnera un léger goût de noix… Alors n'hésitez pas à trouver d'autres idées qui raviront les gourmets !

Vin blanc

• Rien ne remplace un bon verre de vin blanc… du moins quand il s'agit de le boire, car s'il vous en manque pour réussir vos plats, mélangez 2/3 d'eau à 1/3 de vinaigre et un morceau de sucre. Utilisez cette préparation comme s'il s'agissait d'un vin blanc traditionnel : au goût, on n'y voit que du feu !

Vin cuit

• Il peut se remplacer aisément en cas de panne par un verre de vin blanc dans lequel vous ferez cuire un pruneau ou un sucre.

• Mais attention : la mixture obtenue peut intervenir dans la composition d'une sauce, mais n'est en aucun cas à consommer telle quelle.

Vin rouge

• Du vin rouge renversé sur un tapis sera vite résorbé si vous le saupoudrez immédiatement de sel fin avant de le shampouiner. Sur une nappe de coton, essayez le talc ou bien encore le sel fin, additionné de quelques gouttes de citron ou d'eau oxygénée.

• Le vin blanc est préconisé dans le cas d'une tache de vin rouge. S'il s'agit de linge blanc, faites-le tremper dans un bain de lait bouillant.

• Sur du tissu de couleur, immergez la partie tachée dans de l'eau froide additionnée d'ammoniaque.

• Sur du cuir, frottez doucement avec un tampon imbibé d'eau tiède et nettoyez avec un peu d'essence de térébenthine. Cirez ensuite avec une crème de la couleur du cuir.
• Si la tache est ancienne, employez de l'alcool. À éviter toutefois sur des tissus synthétiques.
✔ Voir aussi *Bouchon*, *Couteau*.

Vis

• Pour caler une vis qui flotte dans un trou, fendez une allumette sur toute sa longueur. Glissez ensuite dans le trou une moitié d'allumette de chaque côté de la vis. La fixation ne bougera plus. Avant de placer une vis, enduisez-la systématiquement de cire d'abeille. Cela la protégera contre la rouille.

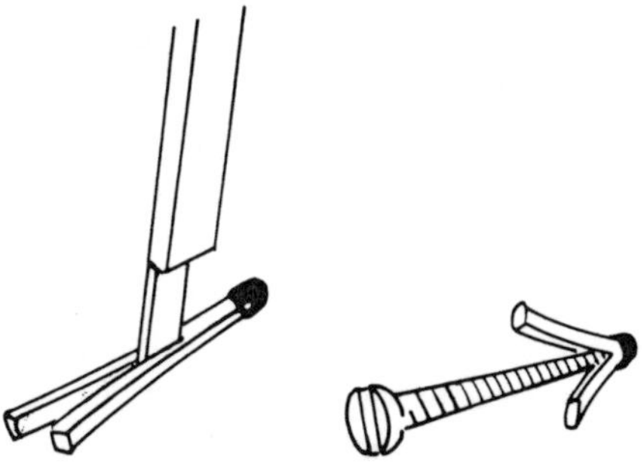

• Si vous n'avez pas suivi ce conseil et qu'il vous faut retirer une vis rouillée, imprégnez la tête de la vis avec du pétrole et laissez agir 10 minutes.
• Si vous avez quelque mal à dévisser une vis peinte, chauffez-la à la flamme d'un briquet. La peinture ramollira, et vous pourrez ôter la vis sans difficulté.
✔ Voir aussi *Cheville*, *Clou*.

Vitre de cheminée à foyer fermé

• Elle fait écran, protégeant des éclats de braises, mais ainsi exposée, elle se couvre très facilement de suie et de traces de fumée. Voici donc une formule qui vous

économisera bien des produits d'entretien : imprégnez d'eau chaude une éponge et passez-la dans la cendre froide de bois. Frottez votre vitre avec cette mixture. Toutes les traces noirâtres disparaîtront après rinçage.
Le résultat sera formidable si vous nettoyez la vitre tous les deux jours.

Vitres

• Pour nettoyer vos vitres, humidifiez avec un peu d'eau une feuille de papier journal et roulez-la en boule afin de l'essorer. Frottez votre vitre et essuyez avec un chiffon propre.
• Vous obtiendrez également d'excellents résultats si vous ajoutez, à un litre d'eau frémissante, 1/2 tasse de vinaigre. Imbibez-en un chiffon et passez à l'acte.
• L'ammoniaque additionné à de l'eau donne aussi un très bon produit de substitution pour laver les carreaux.
• Une vitre de cuisine tachée de graisse retrouvera sa netteté si vous la frottez avec le mélange suivant : 1/2 cuillerée à café d'amidon délayé dans 1/2 litre d'eau. Passez ce produit d'entretien sur toute la surface et essuyez aussitôt avec un chiffon sec.
• Si, à la suite de travaux, des éclaboussures de peinture séchée incrustent vos vitres, frottez-les avec une pièce de monnaie mouillée.
✔ Voir aussi *Peinture.*

Voilages

• Vous leur redonnerez toute leur blancheur si, avant de les laver normalement, vous les plongez dans de l'eau froide additionnée d'une poignée de gros sel (pour 1 litre d'eau).
• Si le soleil a décoloré votre voilage, au point de le rendre irrécupérable, pourquoi ne pas essayer de le plonger toute une nuit dans une décoction de thé ?

Votre voilage prendra une couleur « terre » très atténuée et rénovera par là même votre intérieur.
✔ Voir aussi *Ourlet.*

Voiture

✔ Voir *Bougies de voiture, Carrosserie, Démarrage, Givre, Pare-brise.*

Y

Yaourts

• À défaut de yaourtière, il vous est tout à fait possible de fabriquer vous-même vos yaourts nature. Pour cela, il vous suffit de mélanger 1 litre de lait entier à 1 yaourt. Battez énergiquement. Si vous souhaitez épaissir votre préparation, ajoutez une cuillerée de lait en poudre. Versez ensuite la mixture dans vos pots que vous entreposerez dans un endroit chauffé à plus de 20 degrés pour favoriser la fermentation. Au bout de 4 à 5 jours, vos yaourts seront prêts à être consommés.

Index thématique

Jardin

Linge, vêtements et accessoires

Maison

Soins et santé

Voiture

La composition de cet ouvrage
a été réalisée par
I.G.S. - Charente Photogravure, à L'Isle-d'Espagnac,
l'impression a été effectuée
sur presse Cameron dans les ateliers de
Bussière Camedan Imprimeries
à Saint-Amand-Montrond (Cher).

Achevé d'imprimer en juillet 1998.
N° d'édition : 17200. N° d'impression : 983483/4.
Dépôt légal : septembre 1998.